SOUVENIRS
D'UN GRENADIER

ÉTAPES ET GARNISONS

DU BERRY EN ALSACE

PAR

A. LAISNEL DE LA SALLE

PARIS

NOUVELLE LIBRAIRIE PARISIENNE
ALBERT SAVINE, ÉDITEUR

1891

Tous droits réservés

SOUVENIRS

D'UN

GRENADIER

ILLUSTRATIONS DE JULES GROULIER

Les épreuves de ce livre ont été communiquées à M. le général Campenon, peu de temps avant sa fin.

Je puis dire que ce sont les dernières pages qu'il a lues, et qu'il a exprimé son intention de les honorer d'une préface.

La préface n'ayant pu voir le jour, je place ce modeste volume sous les auspices de la patriotique mémoire du général Campenon.

Neuilly, 18 mars

AVANT-PROPOS

Vers les premiers jours du mois d'avril 1849, je reçus la lettre suivante de Julien Morel, un intime ami qui, à la suite de violents déboires amoureux, venait de se faire soldat.

« Lorsque je vous quittai pour aller, à
« Châteauroux, rejoindre le dépôt du 52ᵉ de
« ligne, vous me fîtes promettre de vous
« donner souvent de mes nouvelles et d'en-

« trer, chaque fois, dans les plus minutieux
« détails sur ma nouvelle carrière.

« Vous m'avez, alors, paru vivement
« désirer être initié aux plaisirs, aux mi-
« sères, et à tous les mille petits incidents
« sérieux ou burlesques qui, à vous en-
« tendre, émaillent d'imprévu l'existence
« du soldat.

« Je ne sais, vraiment, si les faits et
« gestes d'un modeste fantassin sont aussi
« récréatifs que vous vous l'imaginez. Tou-
« jours est-il que je viens tenir ma pro-
« messe, et essayer de satisfaire pleinement
« votre curiosité. Et cela, d'autant plus vo-
« lontiers, que mes récits occuperont les
« loisirs et égayeront les ennuis de ma vie
« de garnison. »

On le voit par ces lignes, Julien Morel
ne se propose pas de développer des thèses
savantes ou tapageuses : c'est l'affaire de
gens compétents ou de chercheurs de ré-

clame, et lui n'est qu'un grenadier. L'esprit de dénigrement et de révolte non plus, n'est pas le sien. Il ne s'évertuera donc pas à découvrir, surtout pour les dénaturer et les grossir, les imperfections et les abus que l'on trouve au régiment; sans doute comme ailleurs, mais là moins encore que partout ailleurs.

Ces *souvenirs* forment simplement une série d'impressions et d'incidents tout personnels, crayonnés au jour le jour, sur place, et sans prétention d'aucune espèce.

De plus, il s'agit là d'une époque bien déterminée, celle d'avant nos revers, alors que le service militaire durait sept ans, et que le jeune soldat habitué au bien-être était rare et perdu dans les rangs.

SOUVENIRS
D'UN GRENADIER

ÉTAPES ET GARNISONS
DU BERRY EN ALSACE

I

L'ARRIVÉE AU DÉPOT

Je me figurais, je ne sais où diable j'avais puisé cette croyance, que l'État confisquait à son profit la défroque de ses serviteurs, en les revêtant de la livrée de Mars. Aussi, fût-ce dans le plus piètre accoutrement, en casquette et en jaquette de chasse, usées par de longs et glorieux services, et n'ayant point d'autre bagage que ma pipe, ma blague et ma bourse, que, sur les cinq heures du soir, je me présentai à la caserne du Parc qu'occupe mon régiment.

Le factionnaire, qui faisait les cent pas devant la grille du quartier et qui, sans doute, avait la consigne de refuser l'entrée du guerrier sanctuaire aux bourgeois profanes, m'arrêta au passage. Je dus parlementer avec le sergent chef du poste, qui, sur la vue de ma feuille de route constatant ma récente qualité de fusilier de la deuxième compagnie du deuxième bataillon, me fit conduire à la chambre de mon sergent-major.

Je trouvai le major en chemise, sur son lit, et dans l'attitude de quelqu'un que je réveillais. Je me nommai, et je reçus le plus gracieux accueil.

« Je vous attendais, dit-il ; le capitaine, en me prévenant de votre arrivée, vous a chaudement recommandé... Avant tout, avez-vous dîné ?

— Non, major. Et je compte faire connaissance, aujourd'hui même, avec la cuisine du régiment.

— Laissez, reprit-il, pour ce soir encore, la gamelle de côté. Vous aurez tout le temps d'apprécier, dès demain, votre ordinaire ; pour cette fois, je vous emmène à ma pension. »

Là-dessus, mon sous-officier endossa sa tunique, boucla son ceinturon, campa fièrement son schako sur l'oreille, et, lorsqu'il eut retroussé en deux formidables crocs ses superbes moustaches et se fut adressé un coup d'œil complimenteur dans un fragment de miroir à moitié dépoli, nous sortîmes.

Le couvert se trouva mis à la cantine et, bientôt, nous fûmes neuf convives à table. Si, quant à l'abondance des mets et à la propreté du linge, il me sembla que le service laissait à désirer, en revanche je m'émerveillai grandement du vigoureux appétit et de l'entrain, plein de sans-façon, de mon hôte et de ses collègues. Le dîner achevé, nous allâmes, tous ensemble, prendre le café dans un établissement distant du quartier de quelques pas, et la soirée s'écoula joyeusement.

Je ne m'étais certes pas attendu à rencontrer, en arrivant, une réception aussi cordiale, et j'étais à la fois touché et flatté de la manière courtoise dont agissaient, à mon égard, des personnages aussi importants que messieurs les sergents-majors du bataillon. Cependant, malgré moi, je réfléchissais que de telles relations ne pouvaient être que momentanées et que, dès le lendemain, je tomberais dans un milieu sans doute moins attrayant. Je ne me dissimulais pas, non plus, la distance qui me séparait de mes aimables compagnons et, conscrit de quelques heures, je me sentais mal à l'aise, et presque déplacé, au milieu de ces uniformes au double galon d'or.

Neuf heures sonnaient au moment où nous rentrions à la caserne. Mon sergent-major me fit monter au premier étage, et m'introduisit dans une chambre où un lit m'avait été préparé.

« Caporal ! voilà l'homme dont je vous ai parlé. Vous aurez soin de le diriger dans tout ce qu'il aura à faire. »

Ainsi s'exprima mon guide en me présentant à un soldat joufflu et imberbe qui, à notre arrivée et malgré le vacarme que faisaient ses voisins, était couché et dormait d'un profond sommeil.

« Bien! major, » fut-il répondu.

Sur cette réponse, mon sous-officier me souhaita le bonsoir et disparut.

Le caporal, désagréablement interrompu dans son premier somme, avait hâte de rattraper le temps perdu. Il m'indiqua la couche la plus proche de la sienne, et m'invita brièvement à me déshabiller. Je ne procédai pas à cette opération sans faire, dans mon for intérieur, de nombreuses réflexions sur la nouveauté et le pittoresque de ma situation, et sans examiner attentivement les lieux étranges où ma destinée m'avait conduit. Je me demandais si, décidément, je n'avais pas fait une sottise, en échangeant la tranquille et large existence, les soins affectueux et l'indépendance complète dont je jouissais au foyer paternel, contre l'obéissance passive et la vie grossière que j'avais en perspective. En contemplant le misérable grabat, véritable étui, dans lequel je dus, non sans peine, m'introduire, je me pris à regretter le lit douillet et spacieux où, jusqu'alors, j'avais pu prolonger mon sommeil à mon gré.

L'unique chandelle qui brûlait, fixée à la muraille, éclairait trop imparfaitement la salle pour que je pusse diriger un peu loin mes investigations. Le silence s'était fait à l'arrivée du major ; mais, ce dernier parti, les conversations à haute voix et les chants avaient repris de plus belle. Bon gré mal gré, il me fallait entendre une partie de ce qui se criait autour de moi, et prendre ma part des histoires surprenantes, excessivement grivoises, et en tous points absurdes, qu'un loustic, placé à faible distance, racontait, en très mauvais français, au milieu des rires de bonheur d'un nombreux auditoire. Ce tapage dura jusqu'à dix heures, où des roulements de tambour, successifs et prolongés, annoncèrent l'extinction des feux. Chacun se tut alors ; le premier venu souffla sur la lumière, et bientôt un concert de respirations égales et de bruyants ronflements attesta le repos profond que goûtaient les soldats de la deuxième compagnie du deuxième bataillon.

II

LE RÉVEIL ET LA TOILETTE

Moi-même, brisé par des émotions diverses, je ne tardai pas à tomber dans un profond sommeil, qui m'ôta toute conscience de ma situation nouvelle. Bientôt des rêves mensongers me transportèrent à quinze lieues de l'endroit où j'étais, à Crozan, mon village natal. Je me vis près de mon antique demeure, au milieu de nos grands bois de châtaigniers plusieurs fois séculaires. Mes oreilles percevaient distinctement ce bruit rempli d'harmonieuse grandeur que fait entendre la Creuse qui, non loin, gémit éternellement sur son lit de rochers, dans les profondeurs de son ravin.

Au milieu de mes songes, un lieu, entre tous, captivait ma pensée : c'était un riant coteau, sur lequel s'élève une maison moderne et coquette, qui m'est bien connue et qui, située à moins d'une demi-heure de la mienne, attire les regards des passants par sa toiture d'ardoise, ses volets peints en vert et le magnifique jardin dont elle est entourée. J'arrivais, comme autrefois, dans ce logis hospitalier où, pendant ces dix dernières années, je n'ai presque pas cessé de me rendre chaque jour. Je m'y retrouvais au milieu de l'excellente famille qui l'habite et qui, hier encore, semblait me compter parmi ses membres. Dans mon imagination trompeuse, rien de ce qui me désole n'avait eu lieu. Je voyais Juliette, je lui parlais, et tous deux nous jouissions de ce bonheur ineffable que l'on trouve à vivre près de la personne ardemment aimée... Ah! pourquoi cette misérable question de fortune est-elle

venue se placer entre moi et l'objet de toutes
mes affections? Pourquoi les parents de mon
amie d'enfance m'ont-ils refusé sa main?
N'ont-ils donc pas compris que, par le cruel
arrêt qu'ils ont rendu, ils ont à jamais brisé
le cœur de leur fille et le mien? Et pourtant,
ce mariage était si naturel, qu'il paraissait
convenu, et que, tous, nous avions l'air de
nous comprendre sans avoir besoin de nous
expliquer.

Maintenant, tout est fini. Adieu, doux projets d'avenir! Vous vous êtes envolées sans
retour, belles illusions de ma jeunesse!... Je
ne vous reverrai plus, vertes pelouses émaillées de marguerites, sur lesquelles, jadis, ma
petite amie et moi nous nous ébattions dans
nos jeux d'enfants! Nous ne les parcourrons
plus ensemble, la main dans la main, ma Juliette! ces allées sinueuses et ombragées du
grand jardin, où nous nous plaisions tant à
chanter de folles chansons, à nous conter mille
riens, pour nous pleins de charme, et à nous
jurer de nous aimer toujours.

Il était de très bonne heure, le lendemain,
quand je me réveillai. Tout le monde dormait

encore, et je mis à profit les premières clartés de l'aurore pour inspecter du regard mon domicile, mieux que je n'avais pu le faire la veille.

La pièce où je me trouvais était longue et étroite ; elle n'avait qu'une porte et était, à ses deux extrémités, percée d'une fenêtre donnant sur les cours. L'état des lieux fut facile à dresser : il n'y avait là ni chaises, ni tables, ni meubles ordinaires d'aucune espèce. Trente lits en fer, tous occupés et semblables, étaient disposés d'une croisée à l'autre, sur deux rangs parallèles. Tout autour de la chambrée, à cinq pieds du sol, environ, régnait une ligne de rayons qui supportaient les effets des hommes. Chaque soldat possédait ainsi, au-dessus de lui et à portée facile, son schako et son sac ; puis ses habits, son linge et sa chaussure, habilement ployés dans un étroit espace et enveloppés de mouchoirs aux couleurs les plus dissemblables. Un petit sac en toile et à coulisse, suspendu à chaque chevet, contenait de quoi brosser et astiquer à la fois les hommes et les fourniments. A l'entrée, on voyait un vaste râtelier en bois de chêne, où trente fusils, rangés côte à côte, montraient leurs longs tubes d'acier étincelants comme des miroirs. Enfin, au milieu de la salle, des tiges en fer, descendant du plafond, soutenaient dans le vide, à hauteur de main d'homme, deux planches horizontales, sur lesquelles étaient étalés des cuillères et des pains de munition.

Je prenais un vif intérêt à passer en revue toutes ces têtes inconnues qui, ornées de la moustache réglementaire et coiffées d'un bonnet de coton faisant calotte, s'échappaient des couvertures uniformément grises dont chaque lit était emprisonné, lorsque, soudain, une fanfare guerrière et joyeuse retentit à plusieurs reprises.

C'était le clairon qui donnait le signal du réveil ; et chacun d'ouvrir les yeux, de s'étirer, de retrouver l'usage de sa langue et de sauter à bas du lit. J'imitai tout le monde. Ma toilette à moitié faite, et mes souliers devenus deux miroirs grâce à l'épais et noir liquide que recélait une énorme terrine servant à l'usage général, j'entrepris la confection de mon lit. Ma tentative fut malheureuse : ma couche restait informe et ne pouvait jamais parvenir à s'aligner convenablement avec ses voisines. Mon chef d'escouade, contraint de me venir en aide, parut concevoir la plus déplorable idée de mon éducation.

Des divers détails de cette toilette faite en commun, celui qui m'émerveilla le plus, ce fut la façon originale dont on s'y prenait pour se laver les mains et la figure.

Une cruche d'eau reposait sur le plancher, dans l'embrasure de la fenêtre la plus proche de la porte. C'était vers ce lavabo rustique que se dirigeaient à la file les trente hommes de la chambrée. Les uns, inclinant le vase de la main gauche, recevaient dans la droite le liquide qu'ils répandaient sur leurs joues. Les autres, élevant la cruche et aspirant son contenu à longs traits par le goulot, faisaient de leur bouche un réservoir d'où l'eau jaillissait ensuite dans leurs mains réunies en forme de cuvette, au milieu de laquelle ils plongeaient la face à plusieurs reprises. Ces ablutions faites, certains allaient s'essuyer avec les coins de leurs draps de lit. La plupart, ignorant, sans doute, l'usage des serviettes, laissaient au temps et à l'air le soin de sécher leur épiderme.

Tout était en ordre dans la chambrée. Le balai et les brosses avaient achevé leur office, et les boutons, les boucles et les ceinturons, astiqués par des mains robustes, étincelaient aux rayons du soleil qui envahissaient l'appartement, lorsque le cri : « A vos rangs, fixe ! » que poussa le caporal le plus rapproché de la porte, fit accourir au pied de leurs lits tous les hommes, qui se tinrent raides et immobiles, le petit doigt sur la couture du pantalon. Moi-même, j'exécutai de mon mieux la pantomime, très intrigué de savoir ce que pouvait signifier cette subite évolution.

C'était le capitaine qui, pour voir, sans doute, sa nouvelle recrue, faisait, contre son habitude, à une heure aussi matinale, son entrée dans la salle. Il m'adressa, en passant, quelques mots bienveillants, et nous ne quittâmes notre position respectueuse que lorsqu'il eut disparu.

III

LE PREMIER EXERCICE

Cependant les tambours et les clairons des huit compagnies de notre deuxième bataillon de dépôt, réunis dans la cour principale, battaient et sonnaient à grand bruit l'*assemblée*. En face d'eux les soldats, grenadiers, fusiliers, voltigeurs, sac au dos et en armes, vinrent se ranger en bataille. Les conscrits, au nombre d'une centaine, et parmi eux votre serviteur, formèrent un groupe à part. Plusieurs de ces derniers n'avaient pas de fusil. Quelques-uns, même, portaient encore les hardes de leur pays natal.

Puis, le bataillon s'ébranla pour se rendre au champ de manœuvre, tandis que nous autres recrues, emboîtant le pas et, dans notre inexpérience, nous écrasant atrocement les talons, nous gagnâmes, au son d'un tambour, notre lieu d'exercice.

Le bois des Capucins, où nous nous rendîmes, est une vaste et ombreuse promenade, qui n'a que le défaut d'être toujours déserte. A quelque heure qu'on y aille, on n'y rencontre guère que des enfants faisant l'école buissonnière, des troupiers en bonne fortune, et quelques esprits chagrins fuyant la foule et le soleil.

C'est sous ces frais ombrages, qu'étant censé former un peloton à moi seul, j'appris à tourner la tête en tous sens, à marcher en cadence, à m'arrêter subitement, et une foule d'autres jolies choses de même nature.

J'eus bientôt fait la conquête du grognon

caporal qui me dirigeait. Au premier repos, j'invitai ce supérieur à me suivre au cabaret voisin où nous bûmes ensemble, fraternellement, une chopine d'un excellent vin blanc. La seconde fois que le roulement de tambour vint suspendre l'exercice, je tirai de ma poche deux cigares, et j'en offris un à mon instructeur. Ce dernier fut tellement stupéfait de la grandeur du procédé, qu'il recula de surprise et porta la main à son schako. Tout de suite, son ton de commandement baissa d'une octave, et les nombreux cuirs et velours dont il prit soin d'orner son langage, dans le cours de ses explications, me prouvèrent toute l'étendue de sa reconnaissance et de sa considération.

IV

LA SOUPE

Lorsque nous revînmes de l'exercice, nous trouvâmes le bataillon de retour à la caserne.

C'était l'heure du déjeuner, et les abords des cuisines étaient encombrés de soldats, guettant la batterie de tambour qui devait leur ouvrir les portes. Le caporal de planton avait une peine extrême à contenir les plus impatients et à les empêcher de faire irruption dans le lieu confié à sa garde. Au roulement, je me précipitai, au milieu de la foule, à la prise de ma gamelle que j'emportai dans ma chambre, au pied de mon lit. Ayant levé son couvercle, je me mis à goûter le potage et le petit morceau de bœuf qu'elle contenait. La première impression que ressentit mon palais, au contact de ces aliments, fut déplorable. Je trouvai la soupe d'une fadeur extrême, et j'avais encore présente aux yeux la propreté, au moins douteuse, des marmitons et des chaudières dans lesquelles s'était élaboré notre ordinaire. Après quelques bouchées qui eurent de la peine à passer, je cessai de manger.

« Vous ne trouvez pas bonne votre soupe ? me dirent mes voisins, qui observaient curieusement ma contenance.

— Celle que l'on confectionne chez vos parents est meilleure, n'est-ce pas ?

— Mais, non ! leur répliquai-je, ce potage est délicieux ; seulement je n'ai pas faim !

— Si vous n'en voulez plus, reprirent-ils,

donnez-le à Cadoré ; il ne se fera pas prier, lui, pour vous en défaire. »

Cadoré est l'un des deux tambours que possède la compagnie. C'est un Breton qui est sourd à ne pas entendre le son de son instrument, dont il bat, du reste, à la satisfaction générale et qui, de plus, se trouve affligé d'un appétit phénoménal. Cadoré, averti, ne fit qu'une bouchée du contenu de ma gamelle, et cela ne l'empêcha pas de recueillir, à droite et à gauche, et d'engloutir dans son formidable estomac, tout ce qui restait dans les gamelles de ses camarades.

J'ai bien changé d'avis, depuis, sur les mérites de mon ordinaire. Maintenant, chaque jour, en revenant de l'exercice, je suis un des plus ardents à assiéger, avant l'heure, les portes des cuisines. C'est presque en triomphe que j'emporte ma gamelle. Alors, il est vrai, je ne me rends plus dans ma chambre, mais bien à la cantine. Là, ma soupe, mon bœuf et le petit vin aigrelet du pays me composent un vrai festin de Balthazar.

V

L'ÉQUIPEMENT.

Mon frugal repas terminé, et ma gamelle soigneusement remise à sa place, dans la cuisine, j'éprouvai un ardent désir de redevenir libre, au moins pour quelques heures, et je me hâtai de sortir de la caserne.

Je n'eus pas fait trois pas dans la rue, que je me trouvai face à face avec le fourrier de la deuxième.

« Je vous rencontre très à propos, me dit-il, car j'ai reçu l'ordre de vous habiller et de vous équiper sans retard. Avant de me suivre aux magasins, rendez-vous dans votre chambre et dites, de ma part, au barbier de la compagnie, qu'il vous coupe les cheveux suivant l'ordonnance. »

J'allai donc trouver le perruquier, et je ne fus pas peu surpris de reconnaître en lui le facétieux conteur qui savait si bien charmer les veillées par sa verve inépuisable. Cet éternel bavard me vanta fort son adresse, tout en avouant qu'il pratiquait de date récente, et sans avoir jamais eu de professeur, l'art qu'illustra Figaro. Il me raconta que, dans son village, où il gardait les moutons, personne ne savait, plus habilement que lui, faire tomber sous les ciseaux les riches et épaisses toisons des troupeaux, et qu'aussitôt son arrivée au corps, il y a de cela quelques mois seulement, il s'était empressé d'offrir ses services pour tondre et raser les troupiers de la deuxième du deux.

« De cette façon, ajouta-t-il, je gagne de l'argent, je me dispense de l'exercice, et je m'entretiens la main. »

Après s'être exprimé de la sorte, le frater me fit asseoir à cheval sur un banc. Retroussant ses manches alors, et tirant gravement de leur étui les instruments de son métier, il me coupa mes longs cheveux rasibus la tête.

Le fourrier me mena ensuite aux magasins, où nous trouvâmes le capitaine. Ce dernier me fit remettre un fusil, un sac, un ceinturon et les quelques objets qui, avec le schako, la veste, la capote et la tunique, composent toute la propriété du fantassin. Puis, comme il me tardait beaucoup de revêtir ma nouvelle tenue, j'allai prier mon caporal d'escouade d'imprimer mon numéro matricule sur mes effets, et je m'habillai de pied en cap.

Je fus assez enfant pour éprouver une joie réelle, quand je me vis en pantalon garance et en veste bleue, ceinturon à la taille et schako sur la tête. Je sortis alors pour aller me promener par la ville et me montrer à mes connaissances. Tout en marchant, je prenais plaisir à examiner sur le sol la silhouette guerrière que projetait mon ombre, et je caressais de la main la douille de ma baïonnette avec une orgueilleuse satisfaction.

A mon retour au quartier, un vieux troupier de ma chambrée, dont la trogne rubiconde trahissait des vues intéressées, m'offrit le secours de son expérience pour mettre en bon état mes armes et mon fourniment. J'acceptai la proposition avec reconnaissance.

Mon ancien alors, tout en mâchonnant avec délices un bout de cigare, qu'il ramassa à terre où je venais de le jeter, m'enseigna les merveilleuses propriétés de l'encaustique et du tripoli. Roustan (c'était le nom de mon nouveau camarade) aimait à jaser autant qu'à boire, et il me révéla d'intéressantes particularités sur tout le personnel de notre commune compagnie. Il m'apprit aussi que je n'avais pas l'étrenne du schako et de la tunique dont je venais d'être mis en possession, et que ces deux objets avaient été portés une seule fois et séparément par deux individus différents. Voici, à ce propos, les lamentables histoires qu'il me raconta.

Quelque temps avant mon arrivée au corps, mon schako, neuf alors, était échu par le sort à un jeune villageois vendéen qui, mélancolique et taciturne, ne pouvait parvenir à bannir de son esprit le souvenir de sa chaumière et de son bocage. Le jour même où le pauvre garçon échangea ses guenilles de paysan contre une tenue militaire complète, il se dirigea seul, suivant son habitude, vers les bords de l'Indre. Le soir et le lendemain matin, il manqua à l'appel. On se mit activement à sa recherche et on finit par découvrir son schako et ses effets déposés en paquet sur la berge de la rivière ;

un peu plus loin, sur l'eau, flottait son cadavre.

Quant à ma tunique, qui est en drap de sous-officier et fort belle, elle a été confectionnée, pour son propre usage, par le plus habile et le plus intelligent des ouvriers tailleurs de la compagnie hors rang. L'infortuné ne porta qu'une seule fois son chef-d'œuvre : ce fut pour se rendre à un banquet politique organisé dans la ville par des citoyens socialistes. Le même jour, il a dû remettre au corps tous ses effets et préparer son sac pour un lointain voyage. Actuellement, il expie son imprudence dans une compagnie de discipline, et du blockhaus où il tient garnison sur les frontières du Maroc, au pied de l'Atlas, il guerroie contre les Kabyles.

VI

LES CORVÉES

L'existence que nous menons au dépôt est d'une uniformité peu réjouissante. Retracer l'emploi d'une de nos journées, c'est les faire connaître toutes.

Chaque matin, la diane nous réveille en même temps que se lève le soleil et, aussitôt prêts, nous allons manœuvrer jusqu'au déjeuner. A midi, nous repartons pour l'exercice, d'où nous ne revenons qu'au moment du dîner. Le soir, à huit heures, c'est-à-dire presque en plein jour, l'appel qui, dans les chambrées, succède à la retraite que l'on a d'abord battue dans les rues de la ville, nous retient tous captifs à la caserne et clôt, pour nous, la journée.

Quand il pleut, au lieu de nous rendre au bois des Capucins et de troubler, par le cliquetis de nos armes et les voix enrouées de nos sergents instructeurs, le silence dont jouit constamment cette solitaire promenade, nous restons au logis. Nous prenons alors, pour lieu de manœuvres, les écuries vastes et inhabitées qui occupent tout le rez-de-chaussée du quartier.

Les corvées jouent, dans l'emploi de notre temps un rôle non moins important que désagréable. Elles offrent bien certainement le côté le moins séduisant du métier de soldat. Nous sommes successivement désignés, et cela plus ou moins fréquemment, suivant les besoins du service, pour balayer les cours, les escaliers, les salles de police et les lieux les plus *shocking* que vous puissiez imaginer. De plus, nous fournissons aux cuisines l'eau et le bois qui s'y consomment. C'est encore nous qui, sous la conduite du caporal d'ordinaire, allons acheter, chez les divers fournisseurs dispersés dans la ville, et rapportons nous-mêmes au quartier les légumes, les viandes et les objets de toute nature dont la compagnie fait usage.

Le lendemain même de mon arrivée, on m'a commandé pour apporter les légumes, et j'ai dû suivre mon caporal d'ordinaire chez le marchand. Là, on m'a mis sur le dos un sac de pommes de terre, lequel en contenait bien au moins cinq ou six boisseaux. Au début, cela allait encore ; mais, au bout de quelque temps, les tubercules me froissant horriblement les épaules :

« Ma foi, caporal, m'écriai-je, impossible à moi d'aller plus loin. Je ne suis pas habitué à porter des fardeaux ; le sac m'écrase ! »

Et je flanquai la charge à terre. Mais, ô malheur ! le sac se délie, et toutes les pommes roulent dans la rue. J'en eus pour un grand quart d'heure à les ramasser et, comme nous étions près de la caserne, le cuisinier, que l'on appela, vint prendre la charge.

La première chose que j'ai faite, après cette belle expédition, a été d'aller trouver un brave Alsacien, à épaules plus solides que les miennes. Celui-ci, moyennant ma solde militaire (un peu plus d'un sou par jour), fera désormais certaines de mes corvées.

VII

L'HOMME DE CHAMBRE ET LES CUISINIERS

Chacun de nous est de chambre à son tour. Celui qui s'acquitte de ce service est, durant toute la journée, exempté de l'exercice et des corvées. Il ne doit, sous aucun prétexte, s'absenter de l'appartement.

Promener, du matin au soir, le balai sur le plancher de la salle, veiller à ce que la cruche soit toujours pleine d'une eau limpide et fraîche et, en l'absence des hommes, avoir l'œil sur les effets, les armes et les fourniments appartenant à tous, telles sont les principales obligations qui incombent à l'homme de chambre. Malheur à lui si quelques brins de paille et un peu de poussière traînent oubliés dans un coin, ou si une araignée vient à être découverte déroulant sournoisement sa trame le long des murs et des rayons. Le caporal de chambrée et le sergent de semaine, auxquels rien n'échappe, tombent aussitôt sur le coupable et, suivant le degré de sa négligence, lui administrent une verte semonce, de la consigne ou de la salle de police.

Dans chaque compagnie, on désigne journellement deux hommes qui devront être de cuisine le lendemain. Ceux-ci, en entrant en fonctions, chaussent d'énormes sabots et remplacent la veste et le képi par un surtout en toile grise et un disgracieux casque à mèche. Dans cet état, et sous les titres pompeux de cuisinier en pied et d'élève en cuisine, ils confectionnent l'éternelle soupe grasse qui, le vendredi saint excepté, sustente le régiment soir et matin, du 1er janvier à la Saint-Sylvestre.

Le plus ancien des deux soldats préside à la confection du potage ; l'autre l'assiste dans ses délicates opérations. Ce dernier lave la marmite et les gamelles, ratisse les carottes, pèle les pommes de terre et, de concert avec ses collègues des autres compagnies procède à un nettoiement général. Il apprend en même temps à pouvoir lui-même, au besoin, gouverner un succulent pot-au-feu.

Je n'ai eu, jusqu'à présent, qu'une seule fois l'occasion de me trouver de cuisine. Ce jour-là, j'ai fait diète, sans être malade ; la nature de mes fonctions et l'aspect des lieux dans lesquels j'étais, ne m'ont pas permis d'avoir faim. Il est vrai que l'accident dont je fus témoin n'était pas propre à remplacer l'absinthe et à ouvrir chez moi les voies apéritives : en se penchant sur sa marmite pour goûter le bouillon et juger du degré de cuisson atteint par le bœuf, le chef y laissa choir son bonnet de coton.

Je frémis encore, quand je pense à l'effet que produisit sur moi la vue de cette catastrophe. Mon camarade, lui, considéra l'événement comme étant des plus simples et des plus naturels. Ce fut avec un sang-froid imperturbable et une indifférence parfaite, qu'il procéda au sauvetage de sa coiffure, et que, tout en fredonnant entre ses dents un air de contredanse, il la mit sécher auprès du feu.

Du reste, la vérité m'oblige à confesser que le susdit bonnet de coton se trouva être, au sortir de son bain, beaucoup plus propre qu'il ne l'était avant, et que, sous le rapport de la qualité, le potage de nos compagnons d'armes gagna plus qu'il ne perdit à cette aventure.

VIII

LES TROUPIERS

Tout le temps qui n'est pas pris par les exercices et les corvées auxquels nous sommes assujettis, nous appartient. Il nous reste bien, en moyenne, cinq ou six heures qui ne doivent rien à personne, et que chacun dépense à sa guise.

Beaucoup d'entre nous sont d'humeur casanière et restent volontiers à la caserne, bien que libres d'en sortir. Tantôt ils se plaisent à doter leurs effets et leurs armes d'un lustre et d'un brillant ultra-réglementaires ; tantôt ils babillent et se querellent avec leurs voisins, ou prêtent une oreille attentive et indulgente aux drôleries et aux gasconnades qui se débitent autour d'eux. Le plus souvent, étendus sur leurs lits, durant des matinées ou des soirées entières, tour à tour ils lisent, fument, dorment, songent ou ne pensent à rien.

Parmi ces soldats sédentaires, il y en a qui obéissent à de singuliers travers ; j'en connais qui ont la passion de la couture et la manie de la lessive. Les premiers sont à chaque instant rencontrés tenant à la main une aiguille ; ils ont toujours une reprise à faire là où là, ou un bouton à coudre quelque part. Les autres ne cessent pas de rôder autour de la pompe du quartier ; ils y lavent et relavent perpétuellement, à grande eau, les deux chemises, le bonnet de coton, la paire de bas et l'unique mouchoir de poche qui composent toute leur lingerie, lorsque, toutefois, ils se trouvent faire usage des deux derniers articles.

Il existe aussi, dans le bataillon, un certain nombre de troupiers qui, à tous les instants de leur existence, sont tourmentés d'une soif inextinguible. Ces braves gens considèrent comme perdus pour eux les jours où ils ne boivent pas au moins un litre. La plupart n'ont point d'autres ressources pécuniaires que la solde que nous touchons tous, et qui s'élève, par mois, au modeste chiffre de 2 fr. 10 ; ils n'en réussissent pas moins, presque toujours, à satisfaire en partie la passion qui les domine. Mais, pour arriver à se désaltérer aux dépens de camarades bons enfants, ou de conscrits inexpérimentés, et pour parvenir à ressusciter à leur profit ce pauvre *crédit*, que de grossières images, appendues dans tous les cabarets, leur montrent tué par les mauvais payeurs, quel labeur et quels tours de force ne doivent-ils pas accomplir ! A quels stratagèmes ne sont-ils pas contraints d'avoir recours ! Parfois, lorsqu'ils sont à bout d'expédients, et que leur soif devient intolérable, ces buveurs incorrigibles et malheureux, oubliant que bientôt sonnera pour eux le quart d'heure de Rabelais, entrent sans le sou dans un débit, prennent effrontément place à une table, et s'en remettent au hasard et à la Providence du soin de payer leur écot.

La classe des soldats *damerets* et *poseurs* est également importante, et mérite d'être signalée. Ces beaux fils, qui se recrutent surtout parmi les engagés volontaires, sont faciles à reconnaître. A peine les grilles sont-elles ouvertes, qu'ils désertent la caserne pour n'y plus reparaître qu'à l'heure de l'appel. C'est le schako sur l'oreille, la moustache en pointe, une raie dessinée sur la tête, par des prodiges d'adresse, et la taille étranglée dans leurs ceinturons, que ces Jocondes, peu dangereux, se pavanent dans les rues de la ville et passent et repassent sur les promenades. Ils regrettent Paris où, naguère, le régiment tenait garnison, et affichent des allures diverses suivant la position sociale du beau sexe qui s'offre à leurs regards. Ils lorgnent les grandes dames et sourient à la sémillante grisette. Mais ils soupirent amèrement si, d'aventure, une bonne d'enfant apparaît. C'est que, hélas! l'expérience est venue maintes fois leur apprendre que les fillettes en tablier blanc de la province ont l'abord moins facile et le cœur moins humain que les payses sentimentales qu'ils ont promenées, jadis, sous les ombrages du Luxembourg et des Tuileries.

Les diverses catégories de soldats que je viens d'énumérer, et beaucoup d'autres où se groupent des individus à façon d'être et d'agir exceptionnelle et excentrique, sont loin d'embrasser la totalité de mes compagnons d'armes. Notre bataillon est principalement formé de villageois à idées paisibles et à mœurs régulières, lesquels sont bien éloignés de travers et de prétention.

Ceux-ci circulent peu dans la ville ; c'est vers la campagne que, de préférence, ils dirigent leurs pas. Là, tout les intéresse et leur rappelle leur existence passée ; existence de labeur continuel et souvent de misère, mais que pourtant ils regrettent, et que, même au milieu de leur plus doux farniente, ils aspirent à recommencer. Leur cœur se serre et les larmes leur viennent aux yeux, à la vue du laboureur traçant son sillon dans la plaine, ou du vigneron qui, la poitrine et les bras nus, donne, en chantant, à sa vigne, la dernière façon.

Quoique mes impressions diffèrent essentiellement de celles de ces braves camarades, comme eux, pourtant, je me rends volontiers au milieu des champs. Ce n'est certes pas, non

plus, le pittoresque du paysage qui m'y attire ;
car les environs de la ville où nous tenons garnison sont partout plats et monotones. L'Indre,
au cours sinueux et bordé de saules et de peupliers, et les vastes prairies qu'il arrose, ne
sont pas sans charmes, il est vrai ; mais, nulle
part, ne se rencontre un seul de ces sites réellement remarquables qui, à chaque pas que
vous pourriez faire sur les rives escarpées de
la Creuse, exciteraient votre admiration et éveilleraient en vous des émotions sans cesse renouvelées. Ce que je viens demander à la nature,
c'est la solitude que je ne rencontre pas à la
caserne. Les chemins les plus déserts sont ceux
que je choisis ; je les suis au hasard et sans but.
Alors, sans témoins, je m'abandonne tout entier
à des rêveries sans fin. Je me reporte par la
pensée au temps heureux où, plein de confiance
encore en l'avenir, je chassais le lièvre dans les
genêts en fleurs et poursuivais la bartavelle au
milieu de nos rochers. Je pense surtout — ai-je besoin de le dire — à celle que j'aime plus
que jamais, à celle dont l'image m'est toujours
présente : je pense à Juliette.

IX

UNE MARAUDE

C'était par une chaude et sereine soirée du mois de juin, le fusilier Colin et moi cheminions dans l'un de ces mille petits sentiers qui serpentent à travers les vignes avoisinant la ville. Tous deux, nous devisions, sans songer à mal, quand nous avisâmes un colossal cerisier qui surpassait tous ses pareils, par l'abondance et la beauté de ses fruits. Que se passa-t-il dans nos esprits? L'occasion, sans doute, la solitude et quelques diables aussi nous tentèrent. Toujours est-il que, sans nous être concertés, nous nous trouvâmes côte à côte sur le cerisier, à marauder à qui mieux mieux, protégés contre tout regard indiscret par une ceinture d'épais buissons.

Déjà nous étions rassasiés de cerises, et nous commencions à remplir nos poches, lorsque, dans l'un des rapides coups d'œil que, pour plus de sécurité, je jetais de temps à autre vers tous les points de l'horizon, j'aperçus, à l'entrée de la vigne, à vingt pas de nous à peine... le garde champêtre. Au même instant, une voix, dont le timbre nous glaça de terreur, prononça, à notre adresse, ces foudroyantes paroles:

« Ah! ah! mes gaillards, je vous y prends; vous volez des guignes. C'est joli; des militaires! »

Nous étions pincés. J'aurais pu détaler au plus vite, et je me serais bien certainement tiré d'embarras, le garde n'étant évidemment pas de force à lutter de vitesse avec moi ; mais abandonner Colin qui était juché tout en haut de l'arbre, et qui, d'épouvante, venait de laisser choir hors du fourreau sa baïonnette ? Laisser ainsi mon compagnon seul et désarmé à la discrétion de notre ennemi affamé de procès-verbal ? Je ne pouvais pas y songer. Je fis donc appel à tout mon sang-froid, et m'avançant résolument vers le garde qui me demandait nos noms et le numéro de notre compagnie, je pris un air patelin qu'excusait la gravité de la situation, et je lui débitai cette harangue :

« Nous vous avions bien vu venir derrière la haie, allez, monsieur le garde, et si nous vous avions craint, nous ne serions pas restés à vous attendre. Mais nous faisions si peu de mal, que nous ne nous sommes pas inquiétés de vous. Certes, nous aurions mieux aimé acheter ces fruits que de les cueillir nous-mêmes ; malheureusement, personne ne s'est trouvé là pour nous les vendre. Du reste, vous devez le voir, les cerises sont si abondantes, cette année, que les propriétaires, dédaignant de les ramasser, les laissent sécher sur l'arbre, ou tomber à terre de maturité. »

La physionomie renfrognée du garde se radoucit à ces paroles, dites de l'accent le plus convaincu. La conversation qui s'engagea alors continua bien encore sur un ton aigre-doux. Cependant, Colin et moi, bientôt remis de notre vive alerte, ne tardâmes pas à regagner paisiblement la ville, côte à côte avec l'auteur de nos alarmes, devenu un intime ami. Durant ce trajet, nous eûmes, pour punition, à écouter, *ab ovo*, le récit circonstancié du siège de Constantine. Notre garde, à l'entendre du moins, y joua un rôle des plus glorieux, mais qui passa complètement inaperçu. Il nous avoua même, en confidence, qu'il contribua puissamment au succès de la campagne. Nous l'en félicitâmes chaleureusement ; la reconnaissance nous en faisait un devoir.

X

GRANDEURS ET MISÈRES

Dans la rue du Parc, en face de notre caserne, existe une usine considérable, où se fabrique, en grande partie, le drap avec lequel on habille l'armée. Un millier d'ouvriers et d'ouvrières y travaillent chaque jour, et M. D..., un cousin et un vieil ami de ma famille, en est tout à la fois directeur et propriétaire.

Il y demeure avec sa charmante femme et ses deux enfants ; et il n'y a pas de bons procédés, pas de prévenances affectueuses, que je ne cesse de leur devoir à tous.

Dans cette maison, mon couvert est toujours mis, et j'en use le moins possible. J'y possède aussi une belle chambre, où je suis censé venir travailler pour Saint-Cyr, et où, en réalité, je viens dormir quand l'envie m'en prend.

Les terrains qu'occupent ce magnifique établissement sont considérables. Ils ont près de deux kilomètres de long, et l'Indre, dont on utilise le cours de vingt façons, les parcourt dans toute leur étendue. Il y a sur cette rivière un bateau et un épervier toujours à ma disposition. Aussi, avec Hallot, mon sergent, qui est un pêcheur émérite, nous faisons des parties pleines de charmes.

Ma famille se trouve également être en bonnes relations avec le receveur général des finances de l'endroit, M. C...:, fils d'un ancien directeur général des postes bien connu. Ce monsieur, jeune encore et fort bien de sa personne, a pour compagne une femme gracieuse et gaie qui, sous le rapport de la distinction et de la beauté, ne le cède à personne.

Avant d'être au régiment, j'avais eu quelquefois l'occasion de me rencontrer avec cet aimable couple. Depuis, M. C..., sachant que j'étais soldat au 52º, dont il connaît intimement le colonel, m'avait à plusieurs reprises fait dire de le venir voir. Je m'en gardais bien. Je n'ai jamais beaucoup recherché les grandeurs et, dans ma situation présente, j'étais peu disposé à traîner mes guêtres et à exhiber mon *clou* — ma baïonnette — dans les salons de la recette générale.

Mais, un beau jour, ne voilà-t-il pas qu'arrive au quartier un ancien soldat de ma compagnie, lequel, ayant eu récemment son congé, était, sur la recommandation du colonel, entré comme domestique de confiance chez M. C... Ce garçon avait eu pendant longtemps son lit près du mien, et j'avais conservé de lui de bons souvenirs.

« C'est à vous que j'en ai, me dit-il. M. C... m'envoie vous porter cette lettre. »

J'ouvris la missive, et je lus : « Mme et M. C...
prient M. Julien Morel de leur faire l'honneur
de venir dîner ce soir chez eux, à sept heures. »

« C'est une invitation à dîner pour ce soir,
dis-je, en soupirant, à mon ancien camarade.
Répondez que je remercie et que j'irai. »

A sept heures précises, avec la résignation
de quelqu'un qui exécute un ordre, et pour
tout dire, une corvée, je sonnais à la Recette
générale. On me fit entrer au salon où je trouvai
les maîtres de la maison et... notre colonel.
Bientôt après, nous passâmes à table, et Mme C...,
avec ce tact qui la caractérise, fit asseoir à sa
droite le *troubade*, et en face de lui le colonel.

Le dîner fut très gai et je me mis promptement
à l'aise. Pouvait-il en être autrement avec
d'aussi aimables gens. Je ne parle pas du colonel, qui me dit peu de choses, et qui, je sup-
pose, au lieu de me voir si près de lui, aurait
préféré me savoir à la caserne.

Nous étions au rôti, lorsqu'une pensée subite
et bien tardive me passa par l'esprit.

Profitant du moment où j'avais près de moi
le soldat, mon ancien camarade, qui tournait

autour des convives, et leur offrait des vins de plusieurs marques :

« Quelle heure est-il ? s'il vous plait, demandai-je.

— Pourquoi cette question ? me dit, en souriant, Mme C...

— Hélas ! madame, je ne me suis pas rendu compte du temps que durerait le dîner. Aussi, ai-je oublié de me précautionner d'une permission pour l'appel. Voilà, je crois, l'heure où l'on va battre la retraite et, à mon grand regret, je dois vous quitter. »

Ce disant, j'examinais du coin de l'œil M. Ladreit de la Charrière, notre lieutenant-colonel. Ce que je prévoyais arriva.

« C'est bien ! c'est bien, dit-il. Ne vous tourmentez pas. J'arrangerai cela. Ce soir, je vous remettrai un mot par lequel j'expliquerai que je vous ai retenu.

— Merci, mon colonel ! »

Débarrassé de tous soucis, je continuai mon dîner et passai on ne peut plus agréablement cette soirée qui m'épouvantait tant à l'avance...

Il était plus de minuit quand je me retirai.

Lorsque je me présentai à la caserne, le sergent du poste me reçut fort mal.

« Ah! vous voilà! cria-t-il. C'est une belle conduite et une jolie heure pour rentrer sans permission! Vous êtes porté manquant et...

— Bien, sergent, répondis-je. Vous avez raison. Mais, j'ai là un petit mot pour vous. Lisez-le d'abord, vous causerez après.

— Une lettre du colonel? Il vous autorise à manquer à l'appel. Ah! ça change la situation. Entrez! Entrez! »

Je traversai la cour, montai l'escalier, ouvris sans bruit la porte, et cherchai à me glisser jusqu'à mon lit sans réveiller personne. Je comptais sans mon caporal qui ne dormait que d'un œil et qui m'accueillit par ces mots :

« Vous en prenez à l'aise. Mais, vous savez, vous êtes porté manquant, et... »

En ce moment, le sergent-major, en tenue sommaire et un falot à la main, fit son entrée et se dirigea vers nous.

« C'est la troisième fois que je viens depuis l'appel, dit-il. Vraiment, j'étais inquiet sur votre compte. Comment se fait-il que...

— Major, interrompis-je, le colonel m'a retenu à dîner. Il m'a donné un mot que j'ai remis en passant au sergent du poste.

« — Ah! ah! c'est différent. Je ne dis plus rien. Je vais me recoucher. Bonne nuit! »

. . . .

Il y a, dans notre bataillon, un lieutenant et deux sergents chevronnés, qui sont spécialement chargés de l'instruction des recrues disséminées dans les six compagnies du centre.

Ces deux sergents commandent notre peloton de conscrits à tour de rôle. Ce sont des troupiers finis et passés maîtres en pratique et en théorie. Ils me sont, au fond, sympathiques. Je les crois bons diables sous leur rude écorce, et leur sais gré du dévouement qu'ils mettent à nous instruire.

Ils ne se ressemblent pas. L'un, le sergent France, est un bel homme, à l'allure sévère et martiale. Il ne plaisante jamais, mais est toujours poli avec nous. L'autre, le sergent Benoist, est une espèce d'Hercule, gros, trapu, rougeaud, grêlé, affreux. Il pratique le langage des halles dans ses expressions les plus risquées, et est doué d'une force et d'une fougue dont les effets sont effrayants. Pour un rien, il s'élance sur certains de nous, les empoigne par les épaules, les secoue à la façon de Milon de Crotone, lorsqu'il déracinait un chêne ; puis, en signe de dédain, les jette dans les rangs de ceux de nous qui n'en sont encore qu'aux éléments de l'école du soldat.

Il y a huit jours, j'étais à l'exercice, et j'avais en poche une permission de quarante-huit heures pour aller, le lendemain, dans ma famille. C'était mon premier congé. J'y songeais malgré moi. J'étais distrait et je manœuvrais mal. Coup sur coup, le sergent Benoist me gratifia d'une série d'adjectifs ronflants et pittoresques. Puis, la situation restant la même, il me lança une bordée d'injures tellement grossières, que je ne pus me garder d'esquisser une grimace et de lever les épaules.

Alors, il bondit sur moi. Je vis le coup, et je croisai, à temps, la baïonnette.

...... Il y eut un court et profond silence, comme dans ce calme subit et inattendu, précurseur ordinaire de la tempête. Puis, une voix qu'étranglaient la surprise, l'indignation, la colère, vociféra :

« Qu'on le désarme ! Vite ! un caporal et

quatre hommes. Qu'on me f... ce bougre-là en prison. Tout de suite ! »

Une escouade accourut. Ce fut au milieu d'elle que, sac au dos et sans armes, je traversai la ville et rentrai à la caserne. J'y déposai mon fourniment, et échangeai ma veste et mon schako contre une vieille capote et un mauvais képi. Puis, mon escorte et moi, au pas accéléré, fîmes route pour la prison, située bien loin de là, et à deux pas de la préfecture.

Chance inespérée ! La prison est pleine. Il n'y a pas moyen de m'y fourrer, et provisoirement ma garde me ramène au quartier.

En traversant la cour, je trouve mes camarades de retour de l'exercice. Je passe près de Benoist, qui était en conversation très animée avec les sergents de ma compagnie.

« Mais, vous ne le connaissez pas. Nous vous assurons que c'est un bon enfant et qu'il n'est pas fier du tout, disaient ceux-ci. Vous avez eu tort de le brutaliser. Voyons ? il faut arranger ça.

— Jamais ! hurlait le chevronné. Le gueux se croit quelqu'un, et il crache sur ses supérieurs parce qu'il a été au collège. Mais le brigand verra ce qui l'attend. Il passera au conseil de guerre, nom de D...! »

Quant à moi, aussitôt rentré, je me mis en tenue. Et, profitant d'un moment propice, je filai hors de la caserne. Je me rendis directement rue Bertrand, chez le commandant, à qui je racontai fidèlement la scène du tantôt.

Le commandant, sans trop s'avancer, ne me donna pas tort.

« On devait vous punir, mais ne pas lever la main sur vous, répondit-il. Je verrai cela.

— Commandant, continuai-je, pourrai-je aller tout de même en permission demain ?

— Oui ! » dit-il.

XI

LA PREMIÈRE GARDE

Par suite d'une décision récente, les soldats du bataillon ne montent plus la garde le samedi de chaque semaine. Ce jour-là, tous les postes sont occupés par nous autres recrues. Nos chefs, désireux de s'assurer que nous retenons bien les leçons qu'ils nous donnent sur le service de place, s'ingénient à mettre à l'épreuve notre savoir-faire. Ils font circuler à profusion, par les rues de la ville, des détachements et des rondes de toute sorte que nous devons *reconnaître*.

Notre paisible garnison ressemble alors à une ville de guerre qui redoute une attaque soudaine. De toutes parts retentit le qui-vive des sentinelles, et le pas lourd et cadencé des patrouilles.

Or, samedi dernier, à la nuit tombante, je montais ma première garde, à la porte d'un des principaux fonctionnaires publics de la cité. J'étais arrivé à la moitié de ma faction sans avoir encore subi d'alerte. Le temps me semblait long et, tout en répétant mentalement le mot de passe, je mettais à profit les seules distractions qui me fussent permises : j'entrais dans ma guérite et en sortais tour à tour, et je me promenais l'arme au bras, ou restais immobile sur mon fusil posé crosse à terre, lorsque rentra chez lui le fils de la maison. Ce jeune homme, qui se trouve être un de mes anciens camarades de collège, m'aperçut et vint à moi :

« Eh ! te voilà ! dit-il ; que diable fais-tu là en cet équipage ?

— Tu le vois parbleu bien, lui répondis-je, je veille sur la caisse de monsieur ton papa et sur ta demeure. Grâce à moi, les tiens et toi vous pouvez jouir de la plus entière sécurité à l'endroit de vos personnes et de vos écus.

— Cela tombe à merveille, reprit-il ; j'attends à l'instant de nombreux amis que tu connais tous et que j'ai invités à passer la soirée chez moi. Je leur donne, dans ma chambre, un punch dont tu vas certainement prendre ta part. »

Comme il disait ces mots, arriva la bande joyeuse ; et tous, en m'apercevant, de rire, de me plaisanter, d'échanger avec moi force poignées de main et de me convier à les accompagner. J'avais beau leur crier que je n'étais pas libre ; que cinq années de fer étaient la juste punition du factionnaire assez téméraire pour déserter son poste ; ils ne voulaient rien entendre et cherchaient à m'entraîner de force. Bref, je fus contraint de me réfugier dans ma guérite et de repousser à coups de crosse ces amis compromettants.

Je restai enfin maître du champ de bataille, et bientôt après, les vaincus, sans rancune, m'adressèrent par l'un d'eux un énorme verre de punch. A peine, au mépris de ma consigne, eus-je célébré ma victoire, en avalant la délicieuse liqueur, qu'un cliquetis d'armes se fit entendre et qu'une patrouille apparut.

XII

LE DÉPART

Nous venons de recevoir l'ordre de quitter notre garnison, et demain, 5 septembre, à quatre heures du matin, nous commencerons notre pèlerinage. Nous avons remis aujourd'hui toutes nos fournitures aux magasins, et nous ne possédons plus d'autres lits que nos paillasses, sur lesquelles, suivant l'usage, nous coucherons tout habillés.

Nous partons tous, sans exception, car le

dépôt ne reste pas. Le plus amusant de l'affaire, c'est qu'à commencer par notre lieutenant-colonel et à finir par les enfants de troupe, personne ne sait, d'une manière certaine, où nous allons. On parle bien du chef-lieu du Haut-Rhin où sont déjà casernés nos deux bataillons de guerre ; mais Colmar regorge d'infanterie ; il doit être impossible de nous y caser. Toujours est-il que nous prendrons le chemin de l'Alsace. Sans doute, quelque ordre viendra nous arrêter en route ou nous faire changer de direction. Nous ressemblons aux gueux de Béranger :

Où nous allons, on n'en sait rien.

La certitude que nous avons de partir cause une satisfaction générale. Il en est toujours ainsi, paraît-il, à chaque changement de garnison. Les nombreux Alsaciens du bataillon, surtout, sont dans l'allégresse ; ils ne cessent pas de chanter dans leur affreux baragouin.

« Eh bien, Kœnig ! Eh bien, Ernst ! disais-je, il y a quelques heures, à deux Strasbourgeois de ma compagnie, vous êtes heureux ! Vous allez revoir votre famille et votre Alsace.

— *Foui*, me répondaient-ils dans leur langage original. Nous *zomes drès gondents. Fous ferrez le peau bays ;* il y a *tu télicieux fin planc, te la pien ponne pière* et tes *chôlies vemmes.*

Et ne se possédant pas de joie, ils sautaient comme des enfants et criaient :

— *Foui ! foui !* nous allons à *Côlmar*, à *Côlmar, nom té tié.* »

Les vieux troupiers seuls partent à regret. Ils se montrent même de très mauvaise humeur.

« Les imbéciles, disent-ils, en parlant de leurs camarades, savent-ils pourquoi ils se réjouissent ? Ils verront plus tard ! Nous étions bien ici ; le vin ne coûtait pas cher et nous n'étions pas *chagrinés* de service. »

Rien à faire et du vin à discrétion, voilà, paraît-il, en temps de paix, l'idéal de bonheur pour le troupier français.

... En cet instant, j'ai sous les yeux des scènes non moins curieuses que diverses. Il est minuit, cependant des lumières brillent à toutes les fenêtres du quartier, et le bataillon, en tenue de route, est déjà prêt à partir. Une sorte de fièvre nous tient tous debout ; elle es causée par l'attente de l'existence entièrement nouvelle et pleine d'inconnu qui, dès que résonnera la marche du régiment, s'ouvrira pour chacun de nous.

En vain, la raison nous crie-t-elle de nous livrer au repos et de puiser dans le sommeil des forces pour nos fatigues prochaines ; c'est un besoin pour tout le monde de se démener et de faire du tapage. On se visite de chambrée à chambrée, et partout se forment des groupes qui, en vingt patois différents, entonnent de joyeux refrains. Il y a table ouverte à la cantine où le vin coule à flots dans les verres ; d'imprévoyants buveurs gaspillent sottement un argent précieux qui, bien souvent, leur fera faute durant notre long voyage.

Pendant ce temps, les soldats retardataires achèvent la confection de leurs sacs ; les uns s'entr'aident pour *rouler des paquetages*, les autres empilent un nombre considérable d'objets entre leurs trois *planchettes*. Ces derniers réussissent à caser tout leur *biblo* dans un espace tellement restreint, qu'ils semblent résoudre un problème insoluble et faire en sorte que le contenant soit d'un moindre volume que son contenu.

Au milieu de tous ces gens qui vont, viennent, crient et gesticulent, quelques vieux troupiers, au cœur cuirassé contre les émotions de toute sorte, ronflent tout habillés sur leurs paillasses. D'autres soldats encore ne prennent pas part au tumulte qui règne autour d'eux : ce sont les enfants du pays. Avant de partir pour un exil de sept années, ceux-ci ont voulu revoir les êtres qui leur sont chers et les champs qu'ils ont fécondés de leurs sueurs. Tous sont rentrés de permission depuis quelques heures seulement, et ils se tiennent à l'écart, mornes et désespérés, la joue humide encore des derniers baisers de leurs mères.

... Moi aussi, je suis un enfant du pays, et comme tel, je n'ai point manqué de me rendre, une dernière fois, au lieu de ma naissance. Je ne suis resté à Crozan qu'un jour. Au moment du départ, j'ai eu peine à retenir mes pleurs en embrassant ma famille et en rendant à chacun les sympathiques adieux que je recueillais de toutes parts.

Pierre — un vieux serviteur qui, depuis plus

de vingt ans, s'assied chaque soir au foyer de la demeure où il m'a vu naître — dut me conduire en voiture à deux lieues de chez moi, à Eguzon, la ville la plus prochaine où je pusse prendre la diligence. Quand nous eûmes laissé derrière nous la dernière maison du bourg et fûmes arrivés au centre du carrefour où s'élève la grande croix vermoulue qui, de ce côté, limite la commune :

« Pierre, dis-je à mon guide, je vais descendre. Attendez-moi ici, je veux faire à pied un trajet qui sera de courte durée. »

Pierre devina la pensée qui m'agitait ; il comprit où je voulais aller et, sans rien répondre, arrêta son cheval.

Et moi, sautant dans l'héritage le plus voisin, et m'y enfonçant, jusqu'aux genoux, dans les ajoncs et les bruyères, je pris ma course à travers champs.

Bientôt, je ralentis mes pas, non que je fusse hors d'haleine, ni même que je me sentisse fatigué par les fossés, les talus et les buissons que j'avais successivement franchis ; mais, parce que, plus je me rapprochais du but que je brûlais d'atteindre, plus je redoutais l'instant d'y arriver.

Enfin, parvenu au pied d'un petit tertre, dont le sol disparaissait presque sous un bois de jeunes et vigoureux châtaigniers, je m'arrêtai.

Le cœur, alors, me battait avec violence et je me sentais défaillir. Un moment, je songeai à revenir sur mes pas. Pourtant, rappelant en moi, avec mon courage, la respiration qui me faisait défaut :

« Il est vrai, me dis-je, j'ai juré au père de Juliette de ne pas parler à sa fille, de ne plus la revoir et de ne point lui écrire ; mais ai-je donc promis de passer, sans leur adresser un dernier regard d'adieu, près des lieux auxquels se rattachent tous mes souvenirs du bonheur à jamais perdu ! »

Je gravis donc le petit tertre et je me trouvai en présence d'un vaste jardin anglais au fond duquel s'élevait, entre deux massifs de verdure, une élégante maison, bien reconnaissable à ses persiennes vertes et aux ardoises de sa toiture. D'un coup d'œil, j'embrassai tout l'enclos. O bonheur ! Juliette était là, devant moi. Je la voyais assise dans une attitude pensive, sur le banc de pierre, au pied du grand érable, doyen de tous les arbres du jardin. C'était, de tous les endroits écartés du parc, celui que nous choisissions toujours de préférence, quand nous nous abandonnions, autrefois, à nos douces et familières causeries.

Je ne distinguais pas son visage, l'éloignement d'abord s'y opposait, et puis, elle portait le chapeau de paille à larges bords qui, chaque fois qu'elle sort, protège son teint de lis contre les outrages du grand air et du soleil. D'une main, elle tenait ouvert un livre qu'elle ne lisait pas, et de l'autre, caressait Dourak, mon beau chien braque, à la robe blanche marquée de feu. On me l'avait dit à la maison que, depuis mon départ, Dourak ne voulait plus quitter la demeure des parents de ma Juliette.

Dourak appuyait sa tête sur les genoux de mon amie, et son regard intelligent semblait lui demander ce qu'elle avait fait à son maître, pour qu'il restât ainsi éloigné d'elle... Quant à moi, mille désirs différents et mille idées contraires bouleversaient à la fois mon cœur et mon cerveau. Je me sentais prêt à oublier mes serments, à appeler Juliette, ou à franchir d'un bond la haie qui me séparait d'elle pour aller la serrer dans mes bras. Soudain, au souffle de la brise qui, en s'élevant, fit trembler partout le feuillage, mon chien quitta brusquement le doux coussin qu'il s'était choisi ; je le vis tendre vers moi son cou et aspirer avec avidité les émanations apportées par les vents.

Évidemment, Dourak éventait ma présence, et la certitude d'être bientôt reconnu me rappelant à moi-même, je me mis à fuir au plus vite. Hélas ! ce fut le cœur navré que je descendis du tertre et gagnai en courant la campagne. Que me servait d'avoir revu ma bien-aimée ! Je ne lui avais pas parlé et je n'avais pas pu même entendre le son de sa voix et contempler son doux visage.

Un instant après, mon chien m'avait rejoint dans la plaine ; il bondissait à mes pieds en poussant des cris joyeux, et je lui rendais ses caresses... Dourak m'accompagna à Eguzon et Pierre dut le renfermer pour l'empêcher de me suivre lorsque, le soir, j'ai pris place dans la diligence qui m'a ramené à ma garnison.

XIII

LES PREMIÈRES ÉTAPES

Nous sommes, depuis hier, à Nevers, où a lieu notre premier *séjour*, et demain, de grand matin, nous continuerons notre route pour aller à Châtillon (en Bazois), modeste étape de quarante kilomètres.

Je comptais sur les bibliothèques des différentes villes que nous traversons, pour y trouver des indications sur les curiosités du pays, et aussi pour pouvoir écrire à mon aise. Cette ressource me manquera sans doute partout. Aujourd'hui même, j'ai eu le nez cassé ; le bibliothécaire de Nevers est en vacances. Je suis donc réduit, sans encre, sans plume, à crayonner ces mots, mon portefeuille me servant de pupitre, assis sur une chaise, à la porte du jardinet de l'humble vigneron qui me donne asile.

Ce n'est pas sans ressentir un certain serrement de cœur que, le 5 septembre, au son de la marche du régiment, je me levai de dessus la paillasse sur laquelle je reposais tout habillé, et partis avec le bataillon. Il ne faisait pas encore jour quand nous quittâmes notre caserne. Malgré cela, lorsque nous traversâmes les promenades, nous y trouvâmes, sous les armes, la garde nationale qui nous accompagna jusqu'à plus de deux kilomètres de la ville. Lorsque vint le moment de la séparation, les troupes se firent face en se rangeant sur deux lignes de bataille, et notre lieutenant-colonel, haranguant, du haut de son grand cheval blanc, la garde citoyenne, la remercia de l'insigne honneur qu'elle faisait à son régiment.

Un certain nombre de *bourgeois* avaient aussi tenu à nous escorter. Les uns étaient venus pour serrer, une dernière fois, la main de camarades qu'ils ne devaient plus revoir. Les autres étaient guidés par un mobile moins généreux. Le but que se proposaient ces derniers se devinait aisément à la physionomie piteuse et effarée de certains d'entre nous, qui cherchaient à se dissimuler dans les rangs, disant à leurs voisins :

« Cachez-moi ! cachez-moi ! j'aperçois là-bas des *Anglais* qui me guettent. »

Les adieux terminés, nous nous mîmes sur deux longues files qui prirent chacune un des bords du chemin, et marchant à un pas de distance les uns des autres, nous commençâmes à parcourir ce long ruban de route dont nous ne trouverons la fin qu'à Colmar, après vingt étapes.

Ayant, dès mes premiers pas, commis l'imprudence d'offrir à mon voisin quelques gorgées du généreux bordeaux que recélait une énorme gourde, présent de M. D..., mon prévoyant ami, le bruit se répandit de proche en proche, et d'un bout à l'autre de la compagnie, que j'étais possesseur d'un nectar sans pareil. Aussitôt, mon sergent-major, mes sergents, et les plus familiers de mes camarades accoururent, m'entourèrent, me cajolèrent, et ne purent plus se passer de ma société. Si bien que je n'eus pas fait deux kilomètres, que ma gourde se balança vide à mon ceinturon, et que mon nombreux cortège s'envola comme par enchantement.

Cependant, mon sac me semblait horriblement lourd ; ses courroies me sciaient les épaules et son poids me tirait en arrière. Je croyais fort que, non seulement je ne pourrais jamais me *trimbaler* avec lui jusqu'à Colmar, mais que je n'atteindrais jamais Issoudun, terme de notre première étape. J'y suis arrivé pourtant, moulu et rompu, c'est vrai, mais ayant fait le trajet beaucoup mieux que je ne l'avais espéré. Une vingtaine de nos camarades ne furent pas aussi heureux ; ils restèrent en route, vaincus par la fatigue et la chaleur.

Le soir, à l'étape, quoique j'eusse le cœur gros, je ne pouvais m'empêcher de rire de ma nouvelle situation lorsque, installé sur le tronc d'arbre servant de banc au vigneron à qui l'on m'avait donné pour hôte, je fumais ma pipe et causais familièrement avec les commères du quartier. Pendant ce temps-là, mon pot-au-feu bouillait par les soins de mon camarade. Puis notre ménagère, ôtant de son lit sa couverture, et prenant deux bottes de paille, nous fabriqua, sur le carreau de l'unique chambre de la maison, une couche où mon compagnon et moi ronflâmes de bien bon cœur, jusqu'au lendemain.

D'Issoudun à Bourges, nous avons eu une étape bien longue et bien dure. Il faisait tellement chaud, qu'à chaque instant un ou plusieurs hommes s'asseyaient sur le bord de la route ou tombaient dans les rangs. Des voltigeurs, des grenadiers, prirent bientôt part à la déroute, et ce ne fut pas sans une certaine satisfaction d'amour-propre que, tandis que je me sentais en état d'avancer toujours, je voyais quelques vieilles moustaches terrassées par la chaleur et le poids du sac, rester en jurant en arrière. Pendant cette chaude journée, ma gourde m'a été d'un grand secours ; je l'ai fait remplir bien souvent. Nous avions tellement soif, que beaucoup d'entre nous se jetaient sur l'eau des fossés et l'avalaient, tant bourbeuse et tant corrompue fût-elle.

A Bourges, on me fit loger chez un ex-conducteur de diligences, maintenant propriétaire. Comme le bonhomme était parti avec madame son épouse pour visiter sa vigne, et que tous deux ne devaient pas revenir avant trois ou quatre heures, je posai mon sac à terre dans la rue, et m'assis dessus. J'envoyai mon camarade de lit remplir ma gourde et quérir une tranche de jambon ; puis, en attendant nos hôtes, nous soupâmes tranquillement sur le trottoir, faisant une causette politique avec un vieux voisin d'en face, cordonnier de son état et socialiste d'opinion.

Je n'en finirais pas, si je voulais énumérer toutes les surprises aimables qui sont venues égayer cette première partie de mon voyage. C'est ainsi qu'à Villequiers, petit village où le tiers du bataillon a été détaché pour coucher, le brave laboureur chez qui nous étions logés; après nous avoir régalés de son vin blanc, prit sa lanterne et nous conduisit à notre appartement. C'était tout bonnement une écurie dans un coin de laquelle se voyait un châlit; sur ce châlit, de la paille; et sur cette paille, des draps bien blancs, où nous nous enfonçâmes avec délices, éreintés par une étape de quarante-cinq kilomètres. C'est à peine si, durant cette nuit, nous nous préoccupâmes des familiarités de trois jeunes poulains dont la chaude haleine vint plusieurs fois caresser nos figures. Ceux-ci, barbotant dans leur auge, ou s'ébattant autour de nous avec des clochettes suspendues à leur cou, nous gratifièrent d'un concert continuel qui, pour des gens à sommeil léger, eût été tout à fait hors de saison.

Le lendemain était mon jour de garde, aussi me levai-je à quatre heures, sans éveiller mon compagnon. Debout devant la petite lucarne de l'écurie et mon bonnet de coton sur la tête, je restai bien près d'un quart d'heure, au clair de lune et sous les regards stupéfaits de mes trois musiciens nocturnes, à fabriquer, à l'aide d'un citron, d'un morceau de sucre et d'un peu de vinaigre, le baume réparateur qui devait soutenir mes forces durant l'étape de Nevers.

XIV

A TRAVERS LE NIVERNAIS

A partir de Nevers, on dit adieu aux grandes plaines. Plus nous avançons, plus le pays devient accidenté. Presque partout, de gras pâturages remplacent la terre arable, et de nombreux troupeaux de bœufs, à la robe blanche ou bigarrée, paissent sur les flancs des coteaux.

A Châtillon, terme de notre étape, le hasard m'a donné pour hôtesse la sage-femme du lieu, grosse maman qui pèse bien ses trois cents livres, ce qui ne l'empêche pas d'être très vive, très gaie et très obligeante. Elle m'a fait l'accueil le plus amical, m'a trempé ma soupe, m'a aidé à faire cuire mes côtelettes, et le soir, en venant prendre ma chandelle — c'était la seule de la maison — m'a dit, en me souhaitant à la fois une bonne nuit et un bon voyage, de me souvenir de la sage-femme de Châtillon. Certes, je n'avais pas besoin de cette recommandation ; mais, ce qui me rappellera le plus fréquemment les excellents procédés de la bonne dame, ce sont les attraits de sa nièce, ravissante blonde de dix-huit ans, aux causeries de laquelle je dois d'avoir passé une soirée pleine de charme.

Plus je considérais cette jeune fille, plus j'étais stupéfait de sa ressemblance frappante avec ma Juliette. A part une certaine distinction dans la mise, dans les manières et dans la tournure, que la première n'avait pas au même degré que la seconde, l'illusion pour moi était complète. Toutes deux sont de grandeur moyenne, et sont douées d'un corps souple et cambré, à la taille svelte et bien prise. Toutes deux, encore, relèvent à la chinoise les tresses abondantes de leur chevelure cendrée, et découvrent complètement un front blanc et poli qui reflète la pureté, la jeunesse et l'intelligence. Elles ont les mêmes yeux, grands et bleus, qui tantôt expriment une attrayante mélancolie ou une tendresse extrême, et tantôt étincellent de fine malice et de gaieté. Tout en elles est semblable, le teint, la voix, le sourire ; tout, jusqu'à cette mignonne main aux doigts effilés, qui laisse voir le réseau de ses veines bleues sous sa peau blanche et satinée. Enfin, ma jeune hôtesse possédait, répandu sur l'ensemble de sa personne, quelque chose de cette grâce enchanteresse et de ce charme indéfinissable qui, chez Juliette, m'attiraient mieux que l'aimant n'attire le fer.

Je ne me lassais pas d'admirer la charmante fille, de lui parler, et d'écouter avec ravissement le timbre de sa voix. Bref, j'en perdis le boire et le manger, et ce fut mon camarade de lit qui savoura mes côtelettes.

De Châtillon, nous sommes allés à Château-Chinon. Nous voilà en plein Morvan. Ce ne sont plus des coteaux qui s'offrent aux yeux du voyageur, ce sont de véritables montagnes, avec de verdoyantes vallées, arrosées de si belles eaux que j'oublie de faire remplir ma gourde dans les *bouchons* qui sont sur la route. Les flancs des collines sont boisés ou cultivés, mais chaque cime est une forêt. C'est un pays à la fois riche et imposant; c'est le plus beau que nous ayons encore parcouru.

Château-Chinon, où nous avons couché le soir, est dans la position la plus pittoresque que l'on puisse voir. Figurez-vous d'abord une montagne isolée et entièremeut couverte de bois, excepté à son sommet. A une lieue à peu près, à la ronde, se déroulent des coteaux bien cultivés, qui forment une foule de petites vallées arrosées par une multitude de sources jaillissant des hauteurs; de tous les côtés aussi, à l'horizon, des chaînes de montagnes encadrent le tableau. Château-Chinon, semblable à un nid d'aigle, est perché presque sur le sommet du mont, entre les bois qui sont à ses pieds et l'aride mamelon dont il est dominé. Du bas de la côte, vous voyez la ville, vous croyez en être à un quart de lieue, et il vous faut une heure pour y arriver. Du reste, Château-Chinon, à part l'originalité de sa position, est bien la plus laide et la plus malpropre sous-préfecture que j'aie jamais vue. Le fumier forme litière sur le sol de beaucoup de ses rues, et les poules et les cochons y vivent en liberté.

Le soir, je suis monté sur le mamelon qui s'élève au-dessus de la ville. Il faisait un vent à tout rompre. Cramponné à un arbre qui se trouvait planté là, je restai longtemps à contempler ce magnifique horizon. Mais ce n'était pas sans amertume, qu'ayant conscience de la route déjà parcourue, je voyais ces montagnes qui se dressaient devant moi, comme pour me fermer le chemin du pays où sont les seules personnes que j'aime et près desquelles j'aurais voulu vivre toujours.

XV

L'ENTRÉE A AUTUN

Le jour où il a été décidé que notre bataillon de dépôt irait en Alsace pour former un troisième bataillon de guerre, notre commandant et notre adjudant-major qui, sans doute, de leur vie, n'avaient enfourché une selle, ont reçu l'ordre de monter sur-le-champ à cheval. Le second de ces deux officiers supérieurs, sans être un sportsman distingué, se tire assez bien d'affaires ; il peut, au besoin, trotter et même galoper, sans grand danger pour sa personne. Il n'en est pas ainsi, tant s'en faut, du premier. Quand il plaît à la bête de celui-là, laquelle est jeune et à peine dressée, de folâtrer et d'avoir des caprices, l'excellent homme perd aussitôt la tête, abandonne les rênes et se cramponne au pommeau de sa selle. Aussi, a-t-il soin d'avoir toujours derrière lui son brosseur, qui surveille les incartades de l'animal et se tient prêt à voler au secours de son maître.

Or, hier, sur le midi, et par une chaleur d'au moins 35 degrés, nous faisions, tambour battant, notre entrée dans Autun. Déjà nous avions atteint le centre de la ville, en pénétrant par son côté le plus laid, et en suivant une rue longue, étroite et tortueuse, et nous venions de déboucher sur sa vaste place d'Armes, au milieu d'un immense concours de peuple qui nous servait d'escorte. Notre commandant, dans le but de nous ranger en bataille et d'ordonner quelques évolutions, saisit alors la poignée de son épée, et, bien solide en selle et sur ses étriers, poussa, comme prélude aux mouvements à effectuer, un magnifique *baa-*

taillon!!! Au même instant, malheur ! la lame d'acier, en sortant du fourreau, rencontre un rayon de soleil qui rejaillit en éclair sur la prunelle du cheval ; l'animal a peur et se cabre ; le cavalier lâche la bride et cherche un point d'appui ; le brosseur n'est pas à son poste ; et, en un clin d'œil, notre chef roule avec sa monture sur le pavé.

Aussitôt, la tête de colonne se précipite au secours du commandant ; on le relève, et comme, par bonheur, il n'a pas de mal, on le hisse de nouveau sur sa bête. Lorsque le malencontreux écuyer eut un peu respiré et recouvré ses sens, il put reprendre son commandement ; mais, hélas ! ce fut en ayant son domestique pendu à la crinière de son cheval, et d'une voix moins fière et moins solennelle que la première fois, qu'il prononça de nouveau son *baataillon!!!*

XVI

L'ARRIVÉE A NOLAY

On assure que, dans l'antiquité, les habitants de certains pays plantaient, le long de leurs chemins les plus fréquentés, des arbres et des arbustes dont le feuillage et les fruits étaient uniquement destinés à abriter et à rafraîchir les passants et les voyageurs. Ce généreux procédé devait singulièrement être du goût des guerriers anciens, lors de leurs pérégrinations. Sans doute, ce charitable usage n'a pas disparu complètement; il a dû se généraliser en traversant les âges, et progresser de la même manière que la civilisation.

Pourtant, depuis huit jours que nous sommes en marche, nous cherchons vainement les traces de cette coutume humanitaire. En aucun endroit encore, nos yeux n'ont découvert d'écriteaux indiquant aux passants qu'ils ont une part dans les fruits exquis dont regorgent les riches campagnes que nous venons de parcourir.

Patience ! Nous ne pouvons certes pas manquer de rencontrer bientôt des populations hospitalières à la façon antique.

En attendant, je signale à l'indignation des gens secourables de tous les pays, l'égoïsme des habitants de la petite ville de Nolay.

C'était ce matin, je faisais partie de l'avant-garde, sous les ordres de l'adjudant. Ayant mis à profit la latitude que ce chef laisse à ses hommes de marcher isolément et suivant leurs caprices, j'arrivai, longtemps avant mes compagnons, au sommet d'un coteau qui domine Nolay. Là, je mis sac à terre, et exécutai ainsi l'ordre que chacun de nous avait reçu de s'arrêter en vue de l'étape.

Après avoir admiré la ville, coquettement assise dans le fond d'un vallon et perdue, pour ainsi dire, au milieu de collines couvertes de vignobles, mes yeux se fixèrent, avec non moins d'intérêt, sur de magnifiques raisins, dont un fossé étroit et peu profond me séparait à peine. J'étais harassé; une soif ardente desséchait mon palais, et ma gourde vide pendait inutile à ma ceinture. En cet état, je subissais un véritable supplice de Tantale et je regrettais amèrement que les notions du tien et du mien ne me permissent pas d'user, sur-le-champ, des rafraîchissements qu'une nature prodigue étalait autour de moi.

Insensiblement, j'arrivai à me persuader (où n'arrive-t-on pas avec la réflexion) que les vendanges de la Bourgogne n'en seraient pas moins belles pour quelques raisins détachés de leurs tiges et que, d'ailleurs, les habitants de ce riant et fertile pays devaient être humains, généreux et héritiers, à n'en pas douter, des vertus hospitalières des anciens jours. La conclusion de ce raisonnement fut que je sautai par-dessus le fossé et que je pénétrai, avec armes et bagages, dans la vigne la plus voisine.

M'étant accroupi au pied de ceps chargés de

grappes aussi belles que savoureuses, j'en mangeai d'abord tout à mon aise, puis, en soldat prévoyant, j'en remplis sans façon mes poches et mon schako. Je me relevais pour quitter la vigne, fort satisfait de mon expédition, lorsque j'aperçus en face de moi, sur la route, sept ou huit hommes rangés en bataille et armés de vieux fusils, de piques et de hallebardes. Au costume et à l'armement arriéré de ces hommes, non moins qu'à leur air menaçant, je reconnus que je me trouvais face à face avec des *vigniers* dans l'exercice de leurs fonctions. Je compris alors que je m'étais grandement mépris sur les mœurs des naturels du pays, et que j'allais avoir un combat en règle à livrer.

Mon plan de défense fut vite arrêté. Tout en ayant l'air de réparer un désordre momentanément obligatoire de ma toilette, je mis pied sur la chaussée, en face de l'ennemi.

Les hostilités s'engagèrent aussitôt.

« D'où venez-vous, militaire ? me dit le chef de la troupe.

— Parbleu, vous le voyez, je sors de cette vigne !

— Où vous voliez des raisins?

— Oh! allons donc; pour qui me prenez-vous? Je suis entré dans ce clos poussé par une déplorable nécessité à laquelle vous, moi, et l'espèce humaine entière, nous sommes, à certains instants, tous contraints d'obéir!

— Mais, s'il en est ainsi, pourquoi avez-vous choisi une vigne non vendangée, tandis que, près d'elle, sont des terrains incultes, sur lesquels vous ne pouviez commettre aucun dommage?

— Généralement, répondis-je, dans les positions analogues à la mienne, on cherche à s'entourer de solitude et de mystère, et le feuillage de cette vigne, impénétrable à tout regard indiscret, m'offrait un favorable asile dont tout naturellement j'ai fait usage.

— Trêve de facéties! — répliqua mon interlocuteur en s'avançant vers moi, — sachez que nous ne sommes pas vos dupes. Et, d'abord, montrez-moi l'intérieur de vos poches et de votre schako.

Pour le coup, je trouvai les vigniers beaucoup trop indiscrets et je résolus de m'opposer formellement à cette nouvelle application du droit de visite. Je rétrogradai de quelques pas sans cesser de faire face au danger et, dégageant prestement mon fusil que je portais en bandoulière, je prévins mes adversaires que, plutôt que de les laisser porter la main sur moi, je mettrais *baïonnette au canon* et repousserais la force par la force. L'ennemi jugea prudent de ne pas tenter l'entreprise, et je pus me retirer, mais pas à pas, à reculons, et au milieu d'un déluge de grognements et d'imprécations de toute nature. Les raisins faillirent me coûter cher.

XVII

EN BOURGOGNE

Depuis Nolay, nous avons parcouru bien du pays; nous avons traversé une grande partie des fameux vignobles de la Bourgogne. Entre Nolay et Beaune, grande et jolie sous-préfecture de la Côte-d'Or, à perte de vue ce ne sont que des plaines et des coteaux couverts de vignes. Je ne connais pas de contrées qui présentent un aspect plus riche et plus heureux que cette portion de la Bourgogne. Dans toutes les directions, on aperçoit des clochers.

Dans les nombreux bourgs où nous passons, les habitations sont bien tenues, et chacun a l'air à l'aise. A Pomard, où a lieu la grande halte, nous buvons, à déjeuner, du fameux vin de ce nom.

Les soldats du bataillon ne se possèdent pas de joie de rencontrer une région où ils sont abreuvés gratis. Nos ivrognes se figurent traverser le paradis terrestre. Ils s'arrêtent, pleins de respect, devant les ceps de vigne les plus chargés de fruits et, dans leur délire, leur présentent solennellement les armes.

A Beaune, on envoya ma compagnie loger dans un faubourg. La maison où mon camarade de lit et moi nous nous présentâmes, le billet à la main, était de belle apparence et située entre cour et jardin anglais. Nous augurâmes bien d'un semblable gîte. Notre espoir ne fut pas déçu, car on mit à notre disposition une jolie chambrette avec des meubles et un lit comme je n'étais plus habitué à en voir depuis longtemps. Nous déposâmes nos fusils et nos sacs dans un coin, sur le parquet et, tandis que mon compagnon se disposait à nettoyer nos fourniments et à préparer notre repas, je me coiffai de mon képi et fus me promener, malgré la fatigante étape que nous venions de fournir.

A mon retour, la soupe était prête, et mon camarade, assis dans la cuisine, était en grande conversation avec la maîtresse du logis, gracieuse jeune femme qui se plaisait à lui faire question sur question, tout comme si elle eût été désireuse de s'engager dans notre régiment. Elle ne tarda pas à m'interroger à mon tour et parut stupéfaite de rencontrer, sous la capote grise, quelqu'un qui s'exprimât comme elle. Pour satisfaire sa curiosité, je dus lui dire quelle était ma famille et ce que je faisais avant d'être soldat. La charmante dame, prenant alors un air de profonde commisération : « Que vous devez souffrir, me dit-elle, ayant été bien élevé, de faire un pareil métier! » Ce fut en souriant que je la rassurai sur mon compte et lui affirmai que je ne me trouvais pas du tout à plaindre.

L'amabilité de notre hôtesse ne devait pas se borner à de bienveillantes paroles; nous ne tardâmes pas à en avoir le preuve. Nous venions à peine d'attaquer notre frugal repas que nous vîmes apparaître une ravissante soubrette, portant une bouteille couverte de poussière et de toiles d'araignée.

« Tenez, militaires ! dit la belle enfant, en déposant le vieux beaune devant nous, sur la table, voilà ce que madame vous envoie. »

Nous remerciâmes la maîtresse en la personne de sa messagère et nous goûtâmes le flacon... Le vin était délicieux.

Notre repas terminé, mon compagnon alla faire la sieste sur son lit. Quant à moi, qui étais déjà en grande connaissance avec l'héritière de la maison, intéressant poupon de deux ans environ, je mis ma petite amie dans sa voiture et, avec l'assistance de la soubrette, sa bonne, je la promenai sur les vertes pelouses et sous les ombrages touffus du jardin anglais.

Le lendemain, longtemps avant le jour, le maudit *ran-plan-plan* vint nous réveiller, et nous quittâmes avec regret cette demeure hospitalière.

De Beaune à Seurre, la campagne change d'aspect ; on rencontre encore des vignes, mais beaucoup moins ; on commence à cultiver le maïs.

Dans ces contrées, les gens du peuple parlent avec les étrangers le français ; mais ils se servent entre eux du patois bourguignon qu'ils prononcent avec un accent gai, bienveillant, doux et naïf, qui fait plaisir. On ne trouve dans ce langage aucune trace des pronoms *il* et *je*. En parlant des hommes, des femmes, des animaux des deux sexes et des choses inanimées, on emploie toujours le mot *elle :* les soldats *elles* sont passés ; le bourgeois *elle* a été à la cave. Un homme dira, en parlant de lui-même : *elle* ne veut pas, pour : je ne veux pas. Un autre terme qui m'a beaucoup intrigué et dont je n'ai connu la signification que fort tard, c'est celui d'*habillé de soie*. Les premiers jours, lorsque mes hôtes me disaient que, dans leur village, il y avait beaucoup d'*habillés de soie*, que les *habillés de soie* étaient une des grandes ressources du pays, je me figurais qu'on désignait ainsi les grisettes, les jeunes filles pimpantes, ou bien encore les gros bonnets, les richards de l'endroit. Point du tout ; c'était tout simplement (*en parlant par respect*) de cochons qu'il s'agissait.

XVIII

EN FRANCHE-COMTÉ

A partir de Seurre, située sur les jolis bords de la Saône, on quitte complètement les collines vineuses de la Bourgogne et on entre dans les vastes plaines du Jura. De Seurre à Dôle, de Dôle à Saint-Vit, à part quelques endroits accidentés sur les rives du Doubs, que nous côtoyons de temps en temps, le sol est aussi plat qu'en Beauce et en Sologne. Ce pays-là est la terre promise du maïs. Les chariots à quatre roues que vous rencontrez — depuis Nolay, je n'ai pas aperçu une seule voiture à deux roues — sont pleins de maïs. Les maisons en regorgent ; on en trouve sur le plancher, sur les meubles ; la marmite qui bout sur le feu, c'est encore du maïs qu'elle contient ; la paillasse sur laquelle on vous étend deux draps blancs, le soir, à l'étape, est rembourrée de feuilles de maïs. Le maïs est, en un mot, la providence du pays. Comtois et *habillés de soie*, tout ne vit que de maïs.

A Saint-Vit, nous séjournons. Le matin du séjour, nous entendons une bruyante canonnade : ce sont les artilleurs de Besançon qui font l'exercice. On jurerait que les batteries ne sont qu'à quelques kilomètres.

Le paysage change à mesure que nous avançons vers Besançon. Nous voyageons enfin au milieu de montagnes, à travers une contrée pittoresque au dernier point. A plusieurs reprises, nous côtoyons le Doubs, qui roule ses flots transparents entre deux chaînes de hauteurs ne portant que des forêts et des roches gigantesques. L'eau limpide, verte et rapide de cette belle rivière fait songer à la Suisse, qu'elle a limitée sur une longue partie de son cours.

Nous sommes arrivés d'assez bonne heure à Besançon, grande ville que j'ai visitée avec bien du plaisir. C'est une place excessivement forte, située sur le Doubs, au pied d'une montagne, au sommet de laquelle est construite la citadelle. Du haut de cette magnifique forteresse, vous

jouissez d'une vue remarquable. Une ville de
40 000 âmes s'étend sous vos regards, sur les
deux rives d'une belle rivière. Plus loin que
Besançon, et en face de vous, sur un terrain en
pente et bien cultivé, vous distinguez une multitude de maisons de campagne, comme aux
abords de toutes les cités importantes. Sur les
côtés, ce sont des montagnes couronnées de
forts, qui semblent être les dieux tutélaires de
la ville et les valeureux compagnons de la vieille
citadelle, silencieuse en présence de la bruyante
cité qu'elle protège.

A Besançon, nous avons tous couché chez
des logeurs. C'est la première fois que cela
m'arrive, et je souhaite que ce soit la dernière.
Nous avions de fort bons lits, c'est beaucoup ;
mais, pour moi, cela ne saurait remplacer la
propreté que l'on trouve chez les particuliers,
et surtout les agréments de l'imprévu.

Le jour suivant, à trois heures du matin,
mon camarade et moi nous dûmes nous jeter à
bas du lit et nous mettre en route pour Baume-
les-Dames, *Azor* sur le dos — c'est ainsi que
le troupier appelle son sac. Notre compagnie
n'a pas fait l'étape à Baume ; elle a été déta-

.chée à 7 kilomètres en avant de cette ville, dans un petit village situé sur la route de l'Isle, mais de l'autre côté du Doubs, que nous côtoyons toujours. Nous avons traversé cette rivière en bateau pour aller dans nos logements. Je suis tombé chez une brave femme, déjà sur le retour, qui demeure seule avec son frère, petit vieux plein de bonté et de bonhomie, mais si drôle que je pouvais à peine le regarder sans rire. C'est un de ces types que je me rappellerai toujours avec plaisir.

Je désirais depuis longtemps manger du maïs, dont on fait une si énorme consommation partout sur notre passage. Je n'ai eu qu'à manifester mon envie à la ménagère, qui s'est empressée de nous préparer une marmite monstre de *gaudes* — c'est ainsi que se nomme ce fameux plat dont les Comtois sont si friands. Je puis affirmer que les *gaudes* sont un excellent mets, digne d'être comparé à la *fromentée* berrichonne. Je m'en suis procuré la recette, et je ne manquerai pas d'en faire part à mes amis quand je retournerai dans mes foyers. Le lendemain, le petit vieux, notre hôte, après avoir bourré nos poches de pommes et de poires, et nous avoir forcé d'accepter un verre d'eau-de-vie faite avec la grappe de sa vigne, nous a transportés sur l'autre rive du Doubs. Là, réunis au reste du bataillon, nous avons suivi le cours de cette charmante rivière jusqu'à l'Isle, terme de notre étape.

XIX

LES ENGAGÉES VOLONTAIRES

L'Isle-sur-le-Doubs tire son nom de sa position. Le Doubs, partageant ses eaux, la divise en plusieurs îles. A mon arrivée dans cette petite ville, j'ai été témoin d'un triste spectacle, qui m'a vivement affecté et que je veux vous raconter.

Il faut d'abord que vous sachiez que l'infanterie française compte dans ses rangs des *engagées* volontaires. Je désigne sous ce nom des femmes, jeunes ou vieilles, belles ou laides, qui s'amourachent de tel ou tel corps de troupe, à ce point, qu'elles le suivent partout, partagent toutes ses vicissitudes et ne peuvent se résoudre à s'en séparer. Ces amazones d'une espèce à part ne portent pas, bien entendu, d'uniforme, et ne figurent pas à l'effectif. Leur persistance à servir dans l'armée est d'autant plus méritoire que, n'ayant rien signé sur les états du recrutement et leur engagement étant tout moral, elles pourraient déserter leur compagnie sans avoir rien à craindre des gendarmes. Le sort de ces engagées femelles est vraiment pitoyable : la misère et des brutalités sans nombre, telles sont les récompenses que ces malheureuses retirent des services de toute nature qu'elles prodiguent à leurs compagnons de l'autre sexe. Pour retraite, elles ont l'hôpital où elles viennent s'éteindre dans une vieillesse anticipée, si toutefois — et c'est l'ordinaire — elles ne succombent pas de besoin dans une mansarde avoisinant la caserne, ou de fatigue, sur le bord de la route, en s'efforçant de suivre leur régiment d'adoption.

Notre bataillon compte, à divers titres, dans ses rangs, huit ou neuf femmes. D'abord quatre cantinières, puis cinq ou six pauvres créatures qui, depuis notre départ suivent, d'étape en étape, les choisis de leur cœur. Trois de ces dernières sont mariées — puisque mariage il y a — avec trois tambours — le tambour est éminemment séducteur. La quatrième vit avec un ouvrier de la compagnie hors rang. C'est bien le couple le mieux assorti ; le mari porte trois brisques sur sa capote ; la femme est déjà toute blanche, et il règne entre eux un accord parfait. La cinquième est moins heureuse. Ayant, dès la première étape, été infidèle au caporal son époux, ce tyran lui a administré une verte semonce accompagnée d'une correction des mieux conditionnées, et enfin lui a donné son congé. Depuis cette époque, la malheureuse répudiée marche à la suite du bataillon, n'appartenant à personne ou, pour mieux dire, appartenant à tout le monde. Mais c'est surtout de Mme Cornu que je veux vous entretenir, de Mme Cornu, épouse de M. Cornu, tambour-maître de notre bataillon. L'union de ce vertueux couple date d'une époque assez reculée. Leur mariage a été contracté à Paris, au treizième arrondissement, lorsque Cornu n'était encore que simple tapin aux bataillons de guerre. Plus tard, la fidèle épouse a suivi son mari au dépôt, et il y avait environ sept ou huit mois qu'elle venait de lui donner un gage de sa tendresse, lorsque est arrivé l'ordre d'aller en Alsace prendre rang dans la cinquième division de l'armée des Alpes. M⁽ᵐᵉ⁾ Cornu n'a pas balancé un instant : enveloppant son enfant dans son châle, elle se mit de nouveau à suivre son mari. Ses forces trahissant son courage, et ne pouvant aller aussi vite que le bataillon, elle partait à deux heures, une heure, minuit, s'il le fallait, mais arrivait toujours, le soir, à l'étape, avec son précieux fardeau. Combien de fois, lorsque j'étais en avant-garde, ne l'ai-je pas rencontrée, le matin, la pauvre femme ! gravissant les montagnes et suant à grosses gouttes. Infortunée créature, d'une laideur affreuse, mais que son amour de mère rendait pourtant intéressante !

Il y a deux heures environ, en arrivant à l'Isle-sur-le-Doubs, je me rendais, muni de mon billet de logement, chez l'aubergiste Kunch, Alsacien cumulant les métiers de cordonnier et de logeur. La première personne que j'aperçois, en entrant dans la salle à manger, c'est la femme Cornu qui, assise dans un coin, son enfant immobile sur ses genoux, est tout en larmes et jette les hauts cris.

« Il paraît que Mᵐᵉ Cornu a encore reçu une correction maritale? dis-je, en plaisantant, au sergent Feffer de ma compagnie, lequel, en qualité de *pays*, était venu boire une chope chez l'aubergiste Kunch.

— Point du tout, me répondit tranquillement mon sergent, elle n'a pas été battue, c'est son enfant qui vient de mourir. »

Je jetai de nouveau les yeux sur cette malheureuse femme ; son châle était entr'ouvert, et j'entrevis la face décolorée et le regard effrayant du cadavre qu'elle pressait sur son sein. Le pauvre petit s'était éteint, suffoqué par la fatigue, la chaleur et la misère.

XX

LES DERNIÈRES ÉTAPES

De l'Isle-sur-le-Doubs, notre bataillon se dirige d'abord sur Belfort, où il fait séjour. Ma compagnie, elle, et c'était la quatrième fois que cela lui arrivait depuis notre départ, a été détachée dans une petite commune perdue dans les terres. J'ai employé notre jour de repos à visiter Belfort qui jouit, comme place de guerre, d'une immense réputation. Une haute et formidable citadelle protège la ville, dont les fortifications sont taillées dans le roc.

En quittant Belfort, nous devions nous rendre à Cernay; mais à six kilomètres de l'étape, la 2ᵉ compagnie a reçu ses billets de logement pour Aspach-le-Haut, pittoresque bourgade, située à gauche de la route et sur les premiers échelons des montagnes.

Nous voici en plein chez des gens qui ne s'expriment qu'en allemand bâtard. C'est à peine si notre hôtesse peut nous bégayer quelques mots de français. La petite fille de la maison revient de classe et me prête sa plume pour tracer ces lignes. J'écris sur le coin d'une table, près de deux gros joufflus d'Alsaciens, laboureurs de leur état, lesquels, tout en goûtant, me causent dans leur affreux baragouin. L'un me dit que pain se dit *broot*, que noix se dit *nouss*, etc.

Demain, nous aurons quarante-deux kilomètres à faire, et nous serons au terme de notre route.

Chose incroyable, je regrette presque de toucher au but, que, dans l'origine, je croyais bien ne jamais atteindre. Autant les premières étapes me parurent interminables et accablantes, autant les dernières me semblent courtes, attrayantes et faciles. Au départ, mon sac et mon fusil me meurtrissaient atrocement l'épaule et m'écrasaient sous leur poids. Je les porte sans difficulté maintenant ; bien plus, je les considère comme un bagage indispensable dont, pour beaucoup, je ne voudrais pas me séparer.

Je fais constamment partie de l'avant-garde et après avoir, dès la veille, pris connaissance de la route qui sera suivie le lendemain par le bataillon, je pars, sans attendre l'heure où le clairon sonnera le réveil.

J'aime à marcher ainsi, seul et environné de ténèbres. Tout en m'abandonnant à mes pensées, j'écoute ces bruits étranges et mystérieux qui, durant la nuit, s'élèvent du sein des campagnes ; et j'aspire, à pleins poumons, les fraîches et suaves senteurs que la brise matinale m'apporte des forêts et des prairies voisines.

Puis, je rencontre les paysans qui regagnent, au lever de l'aurore, leurs pénibles travaux, et j'assiste au splendide spectacle qu'offre la nature à l'instant de son réveil. Je vois le soleil qui vient dorer de ses premiers rayons des paysages toujours inconnus et parfois superbes, et je prends ma part du concert quotidien, par lequel les chantres ailés ne manquent jamais de célébrer le retour du jour.

Cette façon de voyager à pied, sac au dos et à petites journées, serait pour moi pleine de charmes si, actuellement, quelque chose pouvait captiver mon imagination. Mais, hélas ! le passé seul me préoccupe et m'intéresse, et je ne porte qu'une attention distraite à tout ce qui ne se rapporte pas à lui. Il est vrai, mon corps appartient à la *deuxième du deux*, dans les rangs de laquelle il accomplit machinalement son étape quotidienne ; mais il n'en est pas ainsi de mon esprit et de mon cœur qui n'ont point quitté mon pays natal.

Bizarrerie des sentiments humains ! Lors du départ, je me réjouissais d'abandonner un lieu qui, après avoir été le théâtre d'événements pénibles, n'éveillait plus en moi que des impressions douloureuses. Maintenant, que ne donnerais-je pas pour être encore à Crozan, dans le voisinage de celle que j'aime. Je ne demanderais pas à voir Juliette et à lui parler : ce serait trop de bonheur ! Il me suffirait de me savoir près d'elle, de respirer l'air qu'elle respire, et d'attacher quelquefois mes regards sur l'horizon qu'elle contemple chaque jour.

C'est, du reste, un bien beau pays, que celui que nous traversons. Depuis Belfort, nous voyageons continuellement sur une route accidentée, ayant à notre gauche, à deux kilomètres, les Vosges ; à notre droite, à sept ou huit lieues, les montagnes de la Forêt Noire, et derrière nous, un peu vers l'orient, les Alpes de la Suisse.

Je ne saurais exprimer quel sentiment j'ai éprouvé à l'aspect de ces dernières montagnes. A nous autres, enfants du Centre, il nous semble que notre France n'a pas de bornes ; aussi, j'étais tout surpris, après moins de vingt jours de marche, de voir un pays qui n'était plus le mien.

XXI

AUX BATAILLONS DE GUERRE

Notre entrée dans le chef-lieu du Haut-Rhin a eu lieu solennellement. Le tambour-major, les sapeurs et les musiciens du régiment, envoyés à notre rencontre, ont pris la tête de la colonne. Tous ceux des soldats de nos bataillons de guerre qui avaient parmi nous des amis ou des *pays*, se pressaient sur notre passage. De tous les côtés on se serrait la main et on s'embrassait : j'ai vu, — tant de sensibilité entre-t-elle dans l'âme du troupier ! — de vieux camarades pleurer de joie en se reconnaissant.

Le lendemain même de notre arrivée, on a procédé à l'organisation nouvelle et on a fait le *tiercement*; et voici quel a été le résultat de cette opération. Il existait dans notre régiment 2 bataillons de guerre et 1 de dépôt, composés chacun de 8 compagnies : 6 du centre et 2 d'élite. Il y a maintenant 3 bataillons de guerre qui comptent chacun 6 compagnies : 4 du centre et 2 d'élite. Les anciennes 5e et 6e compagnies ont versé leurs hommes dans les bataillons de guerre, et leurs cadres s'en vont à Phalsbourg former le dépôt.

Mon capitaine a été désigné pour aller dans cette dernière garnison comme étant, parmi ses collègues, un de ceux qui portent depuis le moins longtemps l'épaulette de son grade. Tous ses sous-officiers, caporaux et tambours, destinés à former les cadres de la 5e compagnie du 2e bataillon, il les emmène avec lui. Nous autres soldats de l'ancienne 2ᵉ du 2ᵉ, on nous a disséminés dans toutes les compagnies des 3 bataillons de guerre, et nous voici éparpillés comme une volée de perdreaux, deux par-ci, trois par-là ; de sorte que nous nous trouvons aussi étrangers parmi nos nouveaux compagnons que si nous avions changé de corps.

Le sort m'a donné pour compagnie la 4ᵉ du 2ᵉ. Je n'ai plus le même commandant ; celui-ci, en raison de sa récente promotion, passe à la tête du 3ᵉ bataillon. Ceci expliqué voici quelle est, à cette heure, la situation du régiment : les cadres des 6 compagnies formant le dépôt tiennent, ainsi que je l'ai dit, garnison à Phalsbourg, sous le commandement du gros-major. Le 1ᵉʳ bataillon reste à Colmar, logé dans la caserne ; le 2ᵉ, c'est-à-dire le mien, reste aussi à Colmar, mais il est hébergé par les habitants. Enfin, le 3ᵉ est détaché à deux ou trois lieues aux alentours, dans des endroits dont les noms sont si baroques que je renonce à les désigner.

De cette façon, me voilà séparé de toutes les personnes qui s'intéressaient à moi. J'ai perdu mon commandant et mon capitaine, dont les égards affectueux me faisaient une position exceptionnelle, non seulement dans la compagnie, mais dans le bataillon entier. J'ai perdu également mes sous-officiers, qui étaient pour moi, non pas des supérieurs, mais des amis dévoués, toujours prêts à prendre ma défense et à me rendre moins dur le métier. Les braves jeunes gens! Il y en a deux surtout que je regrette et que je n'oublierai jamais. L'un, Hallot d'Arras, a suivi le dépôt, ce matin à cinq heures. L'autre, Fievet, a terminé son temps, et il partira demain pour Maubeuge, son pays, où il retrouvera sa mère, pauvre veuve qui l'attend avec bien de l'impatience.

Me voilà donc citoyen de Colmar, ayant chambre en ville, comme un vrai bourgeois. Je vais, si vous le voulez bien, vous détailler ma nouvelle existence.

Dès les premiers jours de notre arrivée, on nous a accouplés, nous autres nouveaux venus, avec ceux des anciens de la compagnie qui manquaient de camarades de lit, et cela sans consulter nos goûts le moins du monde. Le hasard, qui m'a déjà joué d'assez mauvais tours, ne m'a pas été très favorable en cette circonstance. Il m'a donné pour compagnon un nommé Muller, métis de Breton et d'Allemand, — ses parents sont Allemands et demeurent en Bretagne, — qui m'a l'air d'un assez mauvais sujet. C'est un petit homme gros, trapu, engagé volontaire depuis environ deux années. Il est loin de manquer d'intelligence, mais ses yeux sont louches, et son caractère ne l'est pas moins. Le brave jeune homme m'a confessé que, depuis qu'il est sous les drapeaux, voilà bien au moins cent cinquante jours de punition qu'il a encourus. Ce qu'il ne m'a pas avoué, par délicatesse sans doute, et ce que d'autres, moins scrupuleux, m'ont dit à sa place, c'est que, pendant que le régiment tenait garnison à Rouen, l'honnête garçon a commis plusieurs vols chez les particuliers où il logeait.

Maintenant que vous connaissez mon camarade de lit qui, pendant que je vous esquisse son portrait, est de faction à l'hôtel de ville, parlons un peu de mon équipement et du logement que j'occupe avec mon frère d'armes. Je suis sur le pied de guerre, c'est vous dire que j'ai, au côté, un bidon et un couperet ; au dos, mon sac, contenant tous mes effets, plus deux paquets de cartouches ; sur mon sac, une ou deux aunes de toile grise, destinées à établir des tentes ; enfin, par-dessus la toile et le sac, une large gamelle en fer battu qui, semblable à une énorme écaille de tortue, couvre et protège tout ce bataclan.

C'est dans cet équipage que nous avons l'honneur et le plaisir de monter la garde et de gravir et descendre, cinq ou six fois par jour, le petit escalier obscur et difficile par lequel on parvient à la mansarde que j'occupe avec mon ami Muller. Une table, quatre chaises, un lit bien dur, mais bien bon cependant ; deux ou trois malles entassées dans un coin ; une tête en bois à l'usage des modistes ou des perruquiers ; trois tableaux représentant : l'un, Bonaparte, la veille de la bataille d'Austerlitz ; l'autre, Louis-Philippe à cheval, se promenant au milieu des acclamations de son peuple ; le troisième, Adam et Ève chassés du paradis terrestre, forment l'ameublement et la décoration de notre chambre qui, toutefois, ferait encore envie à plus d'un étudiant.

Notre lieu de ralliement, pour les appels et

les prises d'armes, est la cour carrée et entourée d'arcades d'un vieil immeuble abandonné, que l'on appelle caserne *des Lanciers*. Une occupation qui doit être fort amusante pour des spectateurs désintéressés, mais qui, à coup sûr, l'est beaucoup moins pour nous, c'est le déjeuner et le dîner du 2ᵉ bataillon. Figurez-vous, d'abord, une rue longue et étroite se terminant en cul-de-sac, et dans la moitié de laquelle coule un ruisseau qui traverse tout Colmar et qui, alimenté par le contenu des vases de nuit et les égouts, sert à faire tourner de nombreux moulins, à abreuver les bestiaux, à laver les lessives, etc., etc.

Au bout de cette impasse s'élève un bâtiment qui, du dehors, a assez bonne apparence. C'est là, au rez-de-chaussée, que sont nos cuisines. C'est devant cette maison, et sous son préau couvert que, deux fois par jour, huit à neuf cents hommes, caporaux, grenadiers, voltigeurs, fusiliers, pêle-mêle, se donnent rendez-vous.

Armés d'un morceau de pain et d'une cuillère qu'ils apportent de leur logement, ils assiègent à certaines heures les portes des cuisines. A un signal donné, tous se précipitent, en se culbutant, dans l'intérieur. Les uns s'emparent d'énormes gamelles en terre, les autres se placent à l'entour, six par six, et tout le monde satisfait sa faim. Les restes sont abandonnés à un régiment de vieillards infirmes, de femmes malades, d'enfants en haillons qui ne manquent jamais d'assister à nos banquets, nous entourant, dévorant des yeux nos portions, et se jetant sur les débris de pain que nous laissons tomber.

L'un des premiers repas que j'ai pris ainsi a été marqué par un incident qui, je l'espère bien, ne se renouvellera pas. Un matin, à déjeuner, j'avais oublié d'apporter ma cuillère : cinq hommes de ma compagnie, accroupis autour de la dernière écuellée de soupe, demandaient à grands cris quelqu'un de la 4e pour faire le sixième ; car, à moins d'être au complet, il est défendu d'attaquer la gamelle. Je répondis que j'étais de la 4e, que je serais volontiers leur homme, mais que, malheureusement, j'avais oublié chez moi l'instrument faute duquel il est impossible de manger la soupe.

« Pardieu! v'là votre affaire, me dit un tambour, ce brave homme va vous prêter son ustensile. »

Je tournai la tête et je vis un vieillard tout déguenillé et malpropre qui, après avoir dévoré quelques restes de gamelles, essuyait sa cuillère avec sa langue. Il n'y avait pas à faire la petite bouche. Je pris donc sans sourciller ladite cuillère et, la plongeant jusqu'à la queue dans le potage, pour la purifier, je remuai vivement et me mis bravement à l'œuvre. Les premières bouchées me parurent bien un peu amères; mais, l'appétit aidant, je ne tardai pas à trouver la soupe assez bonne.

Heureusement que ce système intolérable de terrines à six convives va prendre fin. On nous assure que, dans huit jours, chacun de nous sera possesseur d'une reluisante gamelle en fer battu. J'attends la mienne avec l'impatience que je mettrais à recueillir un riche héritage.

Seulement, alors nouvel ennui. A chaque repas, nous devrons prendre nos soupières à la cuisine actuelle, aller les déguster à trois cents pas, sous les galeries ouvertes à tous les vents de la caserne des *Lanciers*, et puis les rapporter. Ce sera vraiment se donner bien du mal pour un si maigre ordinaire; et souvent, sans doûte, il m'arrivera de préférer manger mon pain sec.

XXII

COLMAR ET SES ENVIRONS

Dès mes premiers pas en Alsace, j'ai été péniblement impressionné par un fait étrange.. Les gens de ce pays aiment ardemment leur patrie, la France, mais ils ne comprennent et ne parlent que l'allemand.

Depuis plus de deux cents ans que le rameau alsacien est greffé sur le vieux tronc gaulois, rien n'a été sérieusement tenté pour modifier cet état de chose. Les gouvernements qui se sont succédés jusqu'ici ont trouvé sans doute cette anomalie originale et plaisante : elle me paraît stupide.

Ce n'est que depuis moins de vingt ans, depuis 1830, que le français est officiellement enseigné dans les écoles. A l'heure actuelle, dans les églises, on prêche en allemand. Aussi, à part quelques cantons de l'arrondissement de

Belfort où le français est en usage ; à part la bourgeoisie et le haut commerce qui, partout, emploient indifféremment les deux idiomes, la presque totalité de la population ne parle qu'allemand, rien qu'allemand. Adressez la parole, même dans les rues de Colmar, à des gens du peuple, huit sur dix baragouineront une réponse inintelligible ; ou, sans s'arrêter, sans regarder, répondront : *nix parler français*.

En attendant qu'on leur enseigne sérieusement la langue nationale qu'ils ne demandent qu'à connaître, les Alsaciens sont Français dans l'âme.

Ils l'ont prouvé sous la première République et sous l'Empire, par leur vaillance dans nos armées, par leur acharnement à défendre nos frontières. L'étranger n'eût jamais, peut-être, foulé notre sol, si nos provinces eussent été autant d'Alsace.

Et, de nos jours, quels hommes plus que ceux que, dans nos rangs, nous nous obstinons bêtement à qualifier de têtes carrées et d'Allemands, à cause de leur langage, aiment la patrie et sont prêts à se faire tuer pour elle.

Colmar n'est ni beau ni laid. Il renferme suffisamment de ces rues larges et alignées que l'on voit partout, et de ces monuments sans originalité que l'on mentionne, et voilà tout. L'église, le théâtre, la cour d'appel sont les seuls édifices qui sortent un peu de l'ordinaire. Avec le Champ de Mars et la belle promenade qui le termine au sud, ils relèvent l'aspect de la cité et contribuent à son agrément. Une particularité, ce sont nombre de ruisseaux qui, venant des montagnes, parcourent les différents quartiers.

Quoique Colmar ne soit qu'à six lieues du duché de Bade, rien n'y révèle le voisinage de la frontière. On n'y voit ni fortifications, ni tranchées, ni canons. C'est une cité éminemment champêtre. Vous entrez dans ses murs par des barrières toujours ouvertes ; une ceinture de vignes, voilà ses seuls remparts. En temps ordinaire, un demi-bataillon d'infanterie et deux ou trois escadrons de cavalerie suffisent à sa garnison.

La musique, la danse, la bière et le vin blanc récolté dans la plaine et sur les premiers échelons des Vosges, voilà le délassement et la passion du peuple. L'harmonie est innée chez les Alsaciens. Presque tous jouent d'un instrument. Trois ou quatre personnes réunies vont de suite former un accord parfait, et chanter des airs qui font plaisir, malgré l'affreux langage qui les accompagne.

Le dimanche, de tous les quartiers de la ville, partent de bruyants concerts. Ce sont les bals où les Colmariennes et les jeunes filles des nombreuses fabriques avoisinant la ville viennent figurer la valse sautillante, qui est l'unique danse du pays. A dix heures du soir, musique et danse cessent à la fois. La police, au besoin, fait évacuer les salles.

En semaine, Colmar a l'aspect de ces villes de troisième ordre où le commerce et le travail sont la principale affaire des habitants. C'est le jeudi, jour de marché, qu'il est bruyant et animé. Ce jour-là, les environs accourent au chef-lieu. On s'y rend des villes éloignées : de Schlestadt, de Cernay et même de Belfort. Du matin au soir les rues sont encombrées par des processions de gens affairés, par des enfilades de voitures chargées de denrées de toute espèce : de blé, de bois, de fourrages, de poteries, de légumes, de fruits, de fromages de Munster, etc., etc. On y voit, dans la saison, des châtaignes grosses comme des noisettes, qui, ici, se vendent fort cher et qui, chez nous, seraient dédaignées par les pourceaux. Les chariots qui véhiculent ces divers produits sont tous à quatre roues : la Franche-Comté et l'Alsace n'en connaissent pas d'autres. La plupart sont traînés quelquefois par deux bœufs, le plus souvent par un taureau suisse de forte taille, que l'on conduit à coups de fouet et qui, pompeusement harnaché entre ses deux timons, ressemble assez bien à une bête féroce enchaînée.

Cette affluence d'étrangers, attirés à Colmar une fois par semaine, fait la fortune d'une foule de détaillants. Les petits aubergistes abondent. Presque tous ont la même enseigne. C'est une toile qui garnit uniformément le bas des croisées et où sont représentés en couleur : un pain, une bouteille, un verre, un couteau, un plat contenant des saucisses et du jambon, avec ces mots : *Guter wein.*

Les cafés et les brasseries sont aussi fort nombreux. C'est là, dans de vastes salles ré-

8.

chauffées en hiver par d'énormes poêles dont les tuyaux artistement travaillés affectent des formes bizarres, que se rendent les indigènes munis de pipes près desquelles les nôtres seraient des jouets d'enfants. Ils y consomment à pleines chopes une bière jaune et appétissante, tirée à même le tonneau, et fument avec volupté leur tabac à quatre sous le paquet, dont les brins sont si gros qu'on dirait des copeaux.

La plaine qui entoure Colmar est fertile et unie comme une glace. Elle est morcelée en une infinité de champs, qu'indiquent seulement la direction du labour et la diversité des produits. De belles et larges routes, la plupart plantées d'arbres, la parcourent et rencontrent fréquemment de populeux bourgs et villages.

Cette campagne, en cette saison de récolte surtout, a un aspect de richesse, d'abondance et de vie. Elle paraîtrait, à la longue, triste et monotone, comme l'est tout pays plat; mais la nature l'a traitée en pays gâté. L'utile et l'agréable, la fertilité et le pittoresque, elle lui a tout donné. Elle a doté cette magnifique plaine qui, du sud au nord, semble ne pas avoir de limites, de deux lignes d'horizons

vraiment remarquables. Ce sont à six lieues
d'ici, à l'orient, dans la brume, la chaîne des
montagnes de la Forêt Noire ; et tout près, à
une heure à peine, les Vosges qui déroulent
leurs cimes verdoyantes et ouvrent trois de
leurs plus célèbres vallées : celles de Munster,
d'Orbey et de Saint-Amarin.

Ainsi, de tous côtés, ce sont des paysages
splendides, dont l'habitant de Colmar n'est
séparé que par quelques lieues. Une seule fois,
j'ai entrevu ces merveilles, et effleuré des
lèvres la coupe dont, sans doute, je ne boirai
jamais plus du contenu.

Entre deux appels, j'ai grimpé à 1,794 pieds
d'altitude, jusqu'aux ruines d'Exheim qui, vues
de Colmar, ressemblent à d'énormes cheminées
croulantes, et qui sont les débris d'un château
féodal. C'était par une journée ensoleillée d'oc-
tobre, et j'étais avec Lépine, le camarade qui,
dans la compagnie, marche à ma gauche. Quel
grandiose panorama nous apparut soudain de
ces tours crevassées, enlacées de lierres et
au-dessus desquelles planaient de gros oiseaux
de proie qu'alarmait notre présence ! Jusqu'à
nous, les Vosges, presque à pic, disparaissaient

sous une luxuriante végétation ; et, au fond du vide, la plaine alsacienne étalait ses richesses. En face, s'étageaient les montagnes badoises, et à leurs pieds le Rhin superbe, sous les feux du soleil, semblait rouler des flots d'argent. Puis, vers Bâle, se dressaient les cimes neigeuses et les glaciers des Alpes... Je m'arrête. Il est de ces beautés de la nature dont on ne saurait esquisser que les grandes lignes. Il faut les voir. J'aime mieux décrire le frais paysage qui est là, derrière nous.

Un verdoyant vallon, que traverse un ruisseau, se dessine, resserré entre les sommets boisés de trois montagnes dont une partie est plongée dans l'ombre la plus épaisse, tandis que le reste reçoit d'aplomb les rayons du soleil. Des vaches à la robe noire ou bigarrée, broutent çà et là, au tintement de clochettes suspendues à leur cou. Tout au loin se voit un chalet, vers lequel nous nous dirigeons. Sur ses portes sont clouées des ramures de cerfs et des pattes de chevreuils et de sangliers. Nous entrons. C'est la demeure d'un garde-chasse ; sa femme et sa fille sont seules au logis. Nous demandons du lait. Mais, grand embarras : ces dames ne parlent pas français et ne savent pas ce que nous voulons.

« Oui ! Du lait. Ce qui est liquide, doux et blanc ! hurlait Lépine, qui, sans doute, croyait parler à des sourds.

— Ce qui fait du fromage ! » ajoutai-je, avec autant d'à-propos et sans plus de résultat.

Je finis enfin par où j'aurais dû commencer. Je prends le bras de la ménagère et, lui montrant les vaches de la prairie, je fais mine de les traire. Aussitôt, un franc éclat de rire, accompagné de vigoureux ya ! ya ! yo ! yo ! melich ! melich ! m'apprend que nous sommes compris.

« Qu'en dites-vous, Lépine ? dis-je à mon camarade. Si à ce lait qu'on nous apporte, nous ajoutions du miel ? nous ferions ainsi un vrai repas de montagnard. »

Lépine opine du schako, dans un sens affirmatif. C'est prévu : c'est moi qui paye.

Je montre alors, à 200 mètres de nous, une trentaine de ruches alignées sur trois rangs ; et la jeune fille sort en courant.

C'est une belle créature que cette fille de garde, avec sa taille souple, ses cheveux au vent et ses yeux couleur gris de mer. Là où elle va, elle semble emporter avec elle un rayon de soleil. Une telle silhouette et un pareil visage suffiraient, à eux seuls, pour animer et embellir le lieu le plus désert et le plus déshérité.

A peine la gracieuse enfant approche-t-elle des ruches, qu'elle s'arrête et qu'elle crie à tue-tête : *Come ! Come ! Come !*

« Que signifient ces cris ? dis-je à Lépine.

— Je ne sais trop ! répond mon compagnon. Pourtant, je crois que cette jeunesse va prendre son miel dans l'intérieur des ruches, et qu'elle fait ce tapage pour calmer les abeilles. »

Cette jeune fille charme et dompte les abeilles ! De sa part cela ne m'étonne pas. C'est égal, voilà qui est curieux ?

Et nous courons jouir du spectacle. Que voyons-nous : toute une volée de perdreaux gris apprivoisés, qui accourent et se pressent autour de leur jolie maîtresse.

XXIII

LA GARNISON DE COLMAR

Depuis longtemps déjà l'on a changé les camarades de lit, et on nous a classés par rang de taille. Je me trouve être le n° 1ᵉʳ de la compagnie, c'est-à-dire le plus *bel homme ;* dites, après cela, que l'armée française est une armée de géants.

J'ai quitté sans regret Muller pour prendre

un nommé Béloche, jeune homme qui jouit d'une excellente réputation et qui, en raison du mauvais état de sa santé, est porté pour la réforme. Ce nouveau camarade de lit, ancien sculpteur à Paris, est dans une situation bien singulière : il a vingt-cinq ans, est marié et père de trois enfants. Il a précédemment servi dans le 4ᵉ cuirassier où il s'est fait remplacer deux fois. Aux deux fois, les hommes avec lesquels il avait traité directement ont empoché son argent et déserté au bout de quelques mois. Ne pouvant supporter la cuirasse, par suite d'un coup de pied de cheval reçu, dit-on, en pleine poitrine, Béloche est entré dans la ligne ; mais, le métier paraît être encore trop dur pour lui. Il ne fait aucun travail et compte être réformé à la revue trimestrielle du général.

Nous nous attendons tous les jours à recevoir la visite du général. Cet important personnage ne se contentera pas, à ce qu'il paraît, d'inspecter nos armes et nos fournitures, il visitera encore le linge et la chaussure, et jusqu'aux doublures de nos habits. Cela nous procure à l'avance une foule de distractions. D'abord c'es le sergent, devant qui il nous faut, à chaque instant, étaler notre *biblo;* ensuite le lieutenant, puis le capitaine, et enfin le commandant.

Ordinairement les chefs de bataillon s'occupent peu de semblables détails. Mais notre commandant n'est rien moins qu'un ancien officier d'habillement, qui a conservé toutes les habitudes de son premier métier. Il vous toise les hommes des pieds à la tête, va vous découvrir une tache pas plus grosse que la pointe d'une aiguille, et ne cesse de vous rabâcher d'avoir soin des effets, de laver les parements, etc., etc. Aussi les soldats, dans leur langage caractéristique, ne l'appellent-ils jamais autrement que le commandant *Doublure*.

Actuellement nous sommes accablés d'exercices de toute sorte. Les troupiers du 52ᵉ en sont d'une colère terrible contre la République. Ici, comme ailleurs, c'est le bouc émissaire qu'il est par trop commode de rendre responsable du mal qui vous arrive. On fulmine dans les corps de garde contre la plupart des chefs, surtout contre le lieutenant-colonel qui ne laisse pas le régiment un instant en repos. On se propose, à la prochaine révolution, d'être moins sot qu'à la dernière et de se débarrasser de tous les officiers dont on a à se plaindre.

Rassurez-vous, on ne tuera personne. Tout cela, bien entendu, ce sont propos sans importance; de simples gasconnades, de hardies hyperboles. Les soldats ont leur franc parler et n'y vont pas par quatre chemins dans l'expression de leurs sentiments. Il leur faut des soupapes largement ouvertes, pour exhaler leur mécontentement aussi bien que leur enthousiasme.

Le fait est que nous n'avons pas un moment à nous. Une semaine, le 1er bataillon va constamment à la cible, tandis que le 2e fournit les hommes de garde. L'autre semaine, le contraire a lieu. Or, aller tous les jours à la cible, tirer ses cartouches, laver, nettoyer son fusil de façon qu'il n'y paraisse rien; ou bien être sans cesse de garde, coucher sur la planche, faire huit heures de faction par un froid sibérien, tout cela, à la longue, devient fort peu récréatif.

Mais, ce n'est rien encore : vous revenez de la garde ou de la cible, rompu, transi de froid;

vous n'avez eu que le temps de vous donner un coup de brosse, qu'à l'instant il faut vous rendre au rapport, à l'école de bataillon ou de tirailleurs, aux exercices à feu, à la baïonnette, ou encore à la promenade militaire.

Quand il pleut à verse, vous croyez sans doute qu'il nous devient loisible de disposer de nos personnes, et que nous n'avons plus qu'à nous divertir avec la paye mensuelle de 2 fr. 10 que nous devons à la munificence du gouvernement? Il n'en est rien! On nous donne alors rendez-vous à la caserne, dans les chambres occupées par les hommes du 1er bataillon. Là, groupés autour de caporaux et de sergents érigés en professeurs, nous avons pendant des heures entières, et pour la centième fois, à écouter, sans mot dire, la lecture du Code pénal militaire, et à faire notre profit d'une théorie toujours la même, sur le démontage, le nettoyage et l'entretien de nos armes. Souvent aussi nous nous évertuons à *rouler des paquetages*, et à ployer nos effets sur des rayons, avec toute la dextérité de commis émérites de magasin de nouveautés.

De tous nos exercices, celui que j'aime le

mieux et que l'on fait le plus rarement, c'est l'exercice à feu. Ces jours-là, on réunit toute notre brigade au pied des montagnes, dans une vaste plaine réservée aux grandes manœuvres. Là, nous exécutons des feux de peloton, des feux de bataillon et de deux rangs ; nous nous déployons en tirailleurs au pas de course ; nous nous formons en carrés hérissés de baïonnettes ; perdus dans la fumée, nous faisons entendre une fusillade continuelle, etc., etc. C'est la guerre en petit.

L'exercice le plus ennuyeux est certainement la promenade militaire. J'arrive à l'instant d'en exécuter une qui peut donner l'idée des circonstances au milieu desquelles ces exercices forcés s'accomplissent presque toujours. Il a fait durant la nuit dernière, et il faisait encore à 11 heures du matin, moment où nous descendions la garde, un brouillard humide, épais et puant. Mon fusil mouillé se rouillait à vue d'œil, et je me réjouissais en songeant que, rentré à mon logement, j'allais pouvoir nettoyer mes armes, me chauffer et me reposer ensuite sur mon lit. Mais, point du tout ; en nous relevant, on nous intima l'ordre de nous préparer pour la promenade et de nous trouver à midi sur le terrain, avec quatre paquets de cartouches, sac au dos, ordonnance dans le sac, effets de campement, bidon, marmite, etc.

Je me dirigeais dans cet attirail au lieu du rendez-vous, avec un camarade qui avait été de garde, la nuit précédente, au même poste que moi, lorsque nous aperçûmes notre lieutenant. Nous allâmes à lui et, lui montrant nos fusils rouges de rouille, nous lui demandâmes l'exemption de la promenade. Nous expliquâmes que si nous laissions la rouille s'incruster dans l'acier de nos canons, nous ne pourrions plus ensuite réparer nos armes.

Le lieutenant, exaspéré sans doute par la promenade que lui-même avait en perspective, accueillit notre requête par un *non* très énergique. Nous dûmes nous promener pendant quatre heures au pied des Vosges que nous ne voyions même pas, tellement le brouillard était épais. J'ai boudé durant toute la route. Mal aurait pris à celui qui, en ce moment, serait venu me chercher dispute. Mon plus grand bonheur, — c'est le cas de recourir, moi aussi, à l'hyperbole, — eût été de tenir le lieutenant Parquès au bout de ma baïonnette.

Le soir, j'oubliai une partie de mes chagrins auprès de ma succulente gamelle. J'avais une faim d'enfer, et j'avalai une demi-douzaine de petits pains avec ma portion. Depuis, une séance de deux heures à la brasserie de l'Ours Noir, m'a complètement converti à la philosophie du docteur Pangloss.

XXIV

L'ARMÉE DES ALPES

Nous faisons partie de la 5ᵉ division de l'armée des Alpes, échelonnée sur la frontière de l'Est, depuis Schlestadt jusqu'à la mer. Nous sommes prêts à entrer en campagne. Que l'Italie nous appelle, et nous passons les monts.

Actuellement, l'armée est superbe. Elle est supérieure à ce qu'elle a été depuis longtemps. Telle est du moins l'opinion de mon chef de compagnie, le capitaine Beaudoin, qui doit s'y connaître. De simple enfant de troupe, il est devenu ce qu'il est et, sous ses yeux, bien des classes de sept ans ont défilé.

Je l'entendais dire à un de ses collègues : « Quelle armée nous avons !... Si la guerre « éclate ?... Quel élan... quelle poussée... quelles « victoires ! »

Nous vivons dans l'attente de graves événements. Aussi, quand le régiment s'assemble, suffit-il, souvent, d'une simple sonnerie d'appel, pour qu'aussitôt les imaginations s'emballent, et l'on aille jusqu'à crier dans les rangs qui se forment : « On part, on part... Cette fois, c'est tout de bon. »

Il circule parfois, venant on ne sait d'où, des bruits que, pour mon compte, je qualifie d'absurdes. Ainsi, il paraîtrait que l'on s'apprête à ôter leur nom et leurs signes distinctifs à nos vingt-cinq régiments d'infanterie légère, pour les mettre à la suite des 75 régiments de ligne existant. Nous n'aurions plus, de la sorte, les chasseurs de Vincennes à part, qu'une infanterie unique, celle de ligne à 100 régiments. Mais alors, la rivalité des corps entre eux, rivalité qui en guerre accomplit des prodiges, que deviendrait-elle ?

Quant à moi, je voudrais nous voir quatre sortes d'infanterie plutôt que deux. Chacune d'elles ne se distinguât-elle des autres que par la couleur du collet de sa tunique et le numéro de ses boutons. Il faut ne pas avoir respiré l'air des casernes pour ne pas savoir que, par exemple, le 2ᵉ léger et le 52ᵉ de ligne, donnant l'un près de l'autre, accompliront de la meilleure besogne que n'en feraient le 52º et le 77º de la même arme. Cela se sent mieux que cela ne s'exprime.

Ne parle-t-on pas encore... *horribile dictu !...* de supprimer les compagnies d'élite, et d'en fondre les éléments dans les autres compagnies.

Rayer les compagnies du centre, encadrées dans celles portant ces beaux noms de grenadiers et de voltigeurs, pour former un tout plus ou moins incohérent ? Ce serait, suivant moi, diminuer d'un tiers la solidité de notre armée.

Actuellement, *le centre* se sent rassuré et fort entre ses deux compagnies d'élite, avec lesquelles il rivalise de courage et qui, elles, se croient tenues de faire merveille. Des premiers soldats, disséminés dans les rangs, avec un simple galon de laine sur la manche, seraient perdus dans le nombre et sans prestige. L'antique émulation ne serait plus.

Et puis, voltigeurs et grenadiers ont leurs cadres ouverts à la valeur. Ils forment une sorte de garde républicaine disséminée en deux pelotons dans tous nos bataillons. Il faut à l'armée des groupes de soldats d'élite. Elle les a ; les lui ôter serait un crime.

Ah ! ce n'est pas que, suivant moi, il n'y ait rien à faire, et que tout soit pour le mieux dans la meilleure des armées. Si demain je me réveillais ministre de la guerre, je sais ce que je trouverais dans mon portefeuille. Mes réformes sont prêtes. Et tenez, dussiez-vous me jouer le tour de les appliquer à ma place, je vous les livre.

D'abord, toutes les troupes seraient vêtues d'une façon commode, mais aussi élégante et martiale. Par la raison que le soldat, dont l'allure est crâne, est déjà prêt à se battre crânement.

Je donnerais à l'armée entière la même coiffure, une coiffure sérieuse, typique et nationale. Je l'opposerais au fez ottoman, au casque prussien, etc.

Mon modèle est trouvé : c'est un casque en cuir noir, ayant, avec beaucoup moins de développement, la forme exacte de celui que conserveraient nos cuirassiers et nos dragons. Il emboîte bien la tête de son homme, et il est tout à la fois guerrier, gracieux, solide et français. Sur son devant, en larges caractères de cuivre, se lirait le numéro des corps. Le long de son cimier rehaussé d'une aigrette, flotterait au vent une poignée de crins rouges, rappelant la flamme qui ornait les fronts des héros de Jemmapes et de Valmy.

Les changements de garnison seraient fréquents et auraient lieu, chaque fois, pour des destinations lointaines. Rien ne vaut mieux que de longues séries d'étapes pour retremper le moral du soldat, le rompre à la fatigue et réduire à rien les non-valeurs.

C'est suivant la taille que, autant que possible, je distribuerais dans les bataillons les contingents annuels. J'aurais ainsi des régiments d'hommes grands et de petits hommes. L'amour-propre aidant, ceux-ci vaudraient ceux-là, j'en réponds. La valeur intrinsèque de tous y gagnerait. Pour aller vite et bien, l'idée vous viendrait-elle jamais d'accoupler le cheval d'un hussard et celui d'un cuirassier ?

Le recrutement en vigueur dans la métropole serait applicable à nos colonies. Je créerais ainsi des forces nombreuses que je rendrais redoutables en les disséminant par pelotons dans tous nos régiments.

L'Africain, l'Asiatique et l'Océanien fraterniseraient, durant un congé avec nos soldats. Ils apprendraient à connaître sur place les ressources et les grandeurs de la mère-patrie. Ils rapporteraient dans le gourbi, la case et l'ajoupa, des impressions impérissables qu'ils communiqueraient à leurs proches et légueraient à leurs enfants.

Ce ne serait que parmi les sujets ayant servi en France que je recruterais les régiments indigènes d'Afrique et les tirailleurs de nos diverses colonies. J'aurais ainsi une pépinière inépuisable d'auxiliaires dévoués, aguerris, et façonnés à nos usages et à notre civilisation. Ce serait là l'armée coloniale de l'avenir.

Ensuite, j'abolirais la conscription. Tout le monde, sans exception, serait soldat. Il n'y aurait d'exempts que les éclopés et les infirmes, et encore payeraient-ils à l'Etat une redevance conforme à leurs moyens.

La durée du service serait de cinq ans au lieu de sept. Toutefois, comme les exigences du budget et les intérêts de la société s'accommoderaient mal de la présence au corps de troupes beaucoup trop considérables, j'y remédierais.

Au bout de deux ans complets, chacun serait libre de rentrer en disponibilité dans ses foyers, pour une, deux ou trois années, mais en payant une prime annuelle de 800 francs. Cet argent s'ajouterait à celui des exemptés et servirait à : solder les rengagements des sous-officiers, secourir les familles indigentes et, au besoin, accroître les effectifs.

Quant au gros de l'armée formant, après cette première élimination, un excédent toujours considérable, je le renverrais chez lui, dans la réserve, par un tirage au sort pratiqué, annuellement, dans les régiments. Ce tirage porterait indistinctement, chaque fois, sur tous les hommes comptant deux ans révolus de bons services.

De cette façon, quiconque aurait déjà douze mois de présence au corps conserverait, jusqu'à la fin de son congé, l'espoir d'être libéré à la fin de l'année suivante. De plus, je me trouverais garder dans les rangs, en nombre suffisant, des troupiers possédant trois, quatre et cinq ans d'activité.

Enfin, c'est par région que je recruterais nos régiments. Je ferais ainsi naître entre les corps de nobles et puissants sentiments de rivalité, que l'organisation actuelle ne saurait donner.

J'irais plus loin : 1er, 2e de ligne, etc., etc., cela ne dit rien, ou du moins pas assez. Ce numérotage ne parle pas suffisamment à l'âme. A chaque régiment, je donnerais en outre le nom du département ou de la ville d'où il serait tiré. Ce nom brillerait fièrement, au-dessous du numéro, sur le casque du soldat.

Ayant ainsi fait, je rentrerais volontiers dans le rang, gros Jean comme devant. Et ce serait d'un cœur tranquille que je verrais venir les événements.

XXV

LES LOGEMENTS

Depuis que je suis à Colmar, j'ai déménagé hier pour la sixième fois; pour peu que cela continue, je ne désespère pas de rendre visite à toutes les mansardes de la ville. Tout d'abord, en arrivant, on m'a envoyé chez un meunier; ensuite, j'ai habité chez un épicier avec Muller enfin, le jour où l'on changea les camarades de lit, on nous délivra, à Beloche et à moi, un billet de logement sur lequel se lisait le nom d'un riche ferblantier qui demeure au centre de la ville.

« Vous serez bien là ; ce sont des richards, » nous disaient les personnes à qui nous demandions l'adresse de notre nouvel hôte; et nous nous frottions les mains de joie.

Mais nous en rabattîmes terriblement, lorsque nous vîmes le taudis que le vieil avare nous destinait. C'était une espèce de niche perchée tout en haut de la maison et fabriquée, dans un coin du grenier, avec des planches mal jointes. Une chaise et un mauvais grabat orné d'une couverture toute grasse, composaient l'ameublement de cette pièce qu'éclairait une lucarne, d'environ un pied carré, donnant sur une ruelle et disposée de telle sorte qu'on ne pouvait en approcher. Pour comble d'agrément, le propriétaire nous prévint qu'il ne donnait pas de chandelle pour se coucher, et qu'il ne voulait pas qu'on en brûlât, par crainte du feu.

Quand nous eûmes contemplé un instant le triste réduit qui nous attendait, Beloche et moi tînmes conseil; puis je courus à la mairie pour réclamer. Je trouvai le secrétaire à son bureau, et je lui fis la description de l'abominable chenil où l'on voulait nous caser. Je fis tant, que je réussis à émouvoir le flegmatique Alsacien qui me dit d'aller chercher notre billet de logement, que j'avais laissé entre les mains du ferblantier. Une minute après, j'étais de retour. A peine l'employé eut-il jeté les yeux sur le nom de l'individu, qu'il s'écria :

« Mais c'est là l'une des meilleures maisons de la ville ; je ne puis changer ce billet. »

J'eus beau insister, j'eus beau crier sur tous les tons, employer tour à tour la douceur, l'indignation, la colère, mon homme fut inflexible. A la fin, impatienté de mes doléances, il me tourna le dos, s'avança vers le balcon attenant à son bureau et se mit à observer attentivement la direction des nuages.

Quand j'eus bien constaté le peu de succès de mon éloquence, j'envoyai à tous les diables l'insolent secrétaire, et tirant violemment la porte sur moi, je regagnai le bas de l'escalier. J'y trouvai mon camarade de lit, qui attendait impatiemment l'issue de ma tentative.

Après avoir entendu le récit de ma déconvenue, Beloche me dit :

« Tout cela est fort bien, mais nous ne pouvons pas habiter un tel taudis. Il nous faut à tout prix trouver une autre demeure. Voici donc ce que je propose : comme en dernier lieu je logeais au compte d'un épicier, dans une auberge de la ville, je vais tout simplement y retourner ; je serai censé n'avoir pas été envoyé dans un autre logement et je vous présenterai en qualité de nouveau camarade de lit. »

Ce qui fut dit fut fait. J'allai chercher tout mon bataclan et, armé de pied en cap, je me présentai effrontément à l'hôtel de Belfort, chez Mme veuve Bertrand.

La bonne femme, tout en manifestant quelque étonnement de ce que seul, parmi ses nombreux camarades, Beloche conservait son gîte chez elle, nous installa dans une chambre fort passable et nous donna un excellent lit. Mais, ne voilà-t-il pas qu'un beau matin, l'épicier au compte duquel nous nous prélassions chez la mère Bertrand est averti par une note à payer que nous sommes toujours là à ses frais. Furieux, il court se plaindre à la mairie. Il crie qu'il ne comprend pas que, seul dans son quartier, il ait encore à sa charge des militaires, tandis que ses voisins, auxquels on en a envoyé en même temps qu'à lui, n'en logent plus depuis quinze jours. On fait droit à sa réclamation; on lui donne pour nous un nouveau billet de logement; et notre vieille hôtesse et sa jeune fille, de qui nous avions réussi à gagner les bonnes grâces, sont forcées, bien à regret, de nous mettre à la porte.

Notre situation ainsi réglée, nous nous acheminâmes vers l'hôtel du *Canon d'Or*, situé à l'extrémité sud-ouest de la ville.

J'avais, bien entendu, armes et bagages et, comme toujours, Beloche marchait à mon côté en amateur : en képi et capote, sans fusil, sans sac, et la canne à la main. En raison de son état de malade porté pour la réforme, il ne figure à la compagnie que pour la forme. En dehors des effets qui sont sur son dos il n'a, pour tout bien, que sa seconde chemise que lui blanchit la cantinière.

Le patron de notre nouveau domicile nous fit bon accueil. C'est un homme jeune, intelligent et sympathique, très avancé dans ses idées et qui a le travers de vouloir faire des prosélytes. Nous n'étions pas installés chez lui, que déjà il nous développait des théories sociales, et — était-ce donc pour charger le canon d'or cloué sur son enseigne ? — me priait de lui faire cadeau d'un de mes paquets de cartouches. Je lui répondis qu'en fait de politique notre éducation était faite, et que nous n'avions plus rien à apprendre ; que, quant aux cartouches, elles étaient au gouvernement.

Notre auberge a bonne apparence et est proprement tenue. Nous trouvons là un sergent de recrutement du 18ᵉ léger, qui y prend pension à raison de huit sous par repas, et qui se déclare satisfait de sa table. Voilà du bon marché? Un des agréments du lieu, c'est une salle où assez souvent on danse. Du reste, les bals populaires, du genre de celui-ci, foisonnent à Colmar. Il est tels quartiers où, par certains soirs, on ne saurait circuler dans les rues, autrement qu'avec accompagnement de clarinette et de trombone.

La salle du Canon d'Or est spacieuse et bien aménagée et, aux accords de son bruyant orchestre, une clientèle nombreuse ne manque jamais d'accourir. On voit là de solides gars, dont beaucoup ne tarderont pas à figurer avec avantage dans nos régiments de cuirassiers. Les danseuses ont aussi leur mérite. Un peu lourdes et n'ayant pas toujours la grâce désirable; mais, parmi elles, que de beaux brins de filles, et quels riches contours se devinent sous leurs jupes multicolores et leurs corsages largement ouverts. Et aussi, quels jolis yeux bleus et tresses blondes n'abrite pas la calotte nationale, brodée, pailletée et coquettement enrubannée.

— Beloche et moi ouvrons volontiers *notre* bal, mais nous nous tenons à l'écart, sous l'orchestre, en philosophes. Lui est persuadé qu'il doit remuer le moins possible et que toute émotion lui serait fatale. Moi, je vois que l'on ne danse que la valse, et je ne valse pas. Puis, je sais qu'à mes propos il serait invariablement répondu par le « nix parler français » traditionnel.

Ah ! ce *nix barler vranzais* ; voilà, à chaque instant, dans le peuple, la jolie phrase que l'on vous sert à chacune de vos questions, et ces trois mots m'exaspèrent.

— Eh quoi ? nous sommes dans celle de toutes nos provinces où le drapeau de la France est le plus aimé, le mieux servi, le plus fièrement porté et là on ne comprend que l'allemand !

— Que l'Auvergnat bredouille son charabia, que le Marseillais zézaye son provençal, et que le Breton bretonne son celtique, je ne le trouve pas mauvais. Cela ne tire pas à conséquence. Mais ici nous sommes à la frontière. A deux pas, il y a une nationalité rivale qui nous jalouse et nous déteste. Et c'est sa langue, à elle, que nous nous obstinons à parler, quand même.

La véritable curiosité de l'auberge du Canon d'Or réside dans notre chambre à coucher. Jugez-en :

Dans une vaste salle du premier étage, douze lits sont disséminés. Huit autour de la pièce et quatre au milieu. Dans l'un Beloche et moi reposons en bons frères d'armes. Chacun des onze autres est occupé par un ménage d'ouvriers. Les chats, les chiens, les enfants, heureusement, ne sont pas reçus chez nous...

Le bon ordre et une tranquillité relative règnent dans cette chambrée originale. Il y a bien parfois, dans les lits voisins, des discussions, des querelles et aussi des pleurs. Mais cela ne dépasse pas les bornes. C'est assez pour nous intéresser et nous distraire, sans cependant mettre notre sensibilité à trop rude épreuve. Au petit jour, les maris se lèvent et s'en vont travailler. Un peu plus tard, leurs emmes en font autant. Puis moi, je pars pour l'exercice. Beloche, lui, qui n'a rien à faire, tient société à celles de nos compagnes de dortoir qu'un incident quelconque retient au logis.

Nouveau changement. Pour le moment, nous

habitons chez un boucher, rue des Tanneurs, n° 20.

Je ne vous ferai pas la description de ma nouvelle rue ; son nom indique assez ce qu'elle est. La seule particularité remarquable qu'elle présente, c'est un canal encombré de peaux dégoûtantes et qui, coulant à fleur du sol, occupe la moitié de la rue. Notre chambre est assez commode, et nous y serions passablement, si nous n'avions pas à y combattre un ennemi terrible, le froid. Nous collerions bien du papier à la place des trois carreaux qui manquent aux deux petites croisées de notre appartement, mais ces fenêtres sont si mal jointes et la porte qui nous sépare du grenier donne passage à des courants d'air si impétueux, que ce que nous avons de mieux à faire c'est de laisser aller les choses, et de nous confier à la Providence et à l'épaisseur de nos capotes et de notre couverture.

Le soldat est bien à plaindre, l'hiver, d'être logé en ville. Les trois quarts des hommes de ma compagnie habitent dans de mauvais greniers, où le froid entre de tous les côtés et où les rats mangent leur pain. Aussi ce sont des doléances à n'en plus finir. Un de mes camarades dispensé des exercices me disait, ce matin, que ne sachant comment se réchauffer, il était resté quinze heures au lit dans un galetas ouvert à tous les vents, et qu'il ne se levait que pour aller manger la soupe et répondre aux appels. Un autre me racontait que sa chambre se trouve placée immédiatement au-dessus de l'un de ces vingt petits ruisseaux qui se promènent par la ville, et que le plancher en est tellement disjoint qu'il pouvait se laver les mains à travers les fentes de son parquet. Si Béranger eût été à pareille fête, je doute qu'il eût écrit ce refrain que, pour ma part je me propose bien, jusqu'à nouvel ordre, de ne plus chanter :

Dans un grenier qu'on est bien à vingt ans.

A tout prendre, j'aime mieux être logé en ville qu'à la caserne ; on est bien plus libre. Le matin, point de ces maudits roulements de tambour qui vous arrachent du lit où il est si doux, en hiver, de reposer jusqu'à sept ou huit heures. Le soir il faut être rentré à huit heures, c'est vrai, mais on fraude la consigne. Ou bien, si l'on se renferme chez soi, au lieu de se coucher comme les poules, on allume une chandelle et l'on s'occupe à quelque chose.

C'est surtout lorsque j'éprouve des contrariétés, et suis dans mes jours de découragement et d'ennui, que je m'applaudis de posséder une demeure particulière. Et puis, à part certains individus grossiers, qui ne valent pas cher, mes camarades sont, sans doute, d'excellents garçons. Mais enfin, ils ont une éducation, des idées, et même un langage qui diffèrent des miens. Je suis donc bien aise, à certaines heures, de pouvoir m'isoler de la foule, et d'avoir un chez-moi où je vienne me retremper dans les souvenirs du pays, et évoquer l'image de Juliette.

XXVI

VOYAGE D'OUTRE-RHIN

Il était huit heures du matin quand je quittai Colmar pour me rendre à Vieux-Brisach, cité badoise située sur les bords du Rhin. Pour toute permission, j'avais l'exemption de l'appel du soir ; de plus, j'étais à pied, et six lieues au moins me séparaient du but de mon voyage.

Dès mes premiers pas, j'eus la bonne fortune de rencontrer un chariot à quatre roues que dirigeait un brave homme qui, sur ma demande, me donna place près de lui sur son siège. Je voulus remercier mon conducteur de sa complaisance et payer de mon mieux son service en attentions aimables, mais celui-ci *nix barlait* et *nix gombrenait* le *vranzais*. Force nous fut donc de nous entretenir par signes. Ce fut sans presque pouvoir nous entendre, que nous parcourûmes côte à côte, et au trot de deux excellents chevaux, la plaine fertile, boisée et parfaitement cultivée qui s'étend de Colmar à Neuf-Brisach.

Neuf-Brisach où je laissai la voiture est une place forte qui, datant seulement de Louis XIV, a ses rues tirées au cordeau, et toutes ses maisons bâties sur le même modèle. Elle a un cachet de tristesse qui n'échappe pas à l'étranger, et dont ses habitants ne s'aperçoivent sans doute que trop. Les militaires surtout, que je rencontrai sur ma route, et à qui je demandai la porte du Rhin, n'avaient pas d'expressions

assez énergiques pour qualifier les ennuis de
leur garnison. Je traversai rapidement cette
petite ville, et je marchai non moins vite durant la lieue qui me restait à faire. J'avais
hâte de contempler le Rhin et de fouler le sol
allemand, que je voyais non loin de moi.

A une demi-lieue avant d'arriver, se rencontre la deuxième ligne de la douane. Puis,
peu après, le petit Rhin, dont les eaux vertes
et dormantes, embarrassées d'îlots, d'herbes et
de joncs, forment comme une seconde frontière,
et baignent les fossés du fort Mortier. Celui-ci, du milieu de ses viviers profonds, regarde
l'Allemagne. Il est prêt à donner l'alarme et,
s'il le faut, à renouveler la leçon dont le château
en ruines et les murailles démantelées de Vieux-Brisach garderont longtemps encore les traces
et le souvenir.

J'arrivai jusqu'au bord du fleuve sans l'apercevoir : une digue formidable le cache aux
regards et met l'Alsace à l'abri de ses capricieuses fureurs. Aucun travail semblable n'est
nécessaire et n'existe du côté du duché de Bade.
Les montagnes de la Forêt Noire forment là
un rempart naturel. Le vieil enfant du mont

Adule, comprenant son impuissance en présence de ces monts grandioses, les côtoie paisiblement et sans les outrager. Il semble même leur payer tribut, car il dépose à leurs pieds des lambeaux de terrain qu'il dispute et arrache sans relâche à la rive française.

C'est ainsi, dit-on, que, grâce à ce travail incéssant du fleuve, Vieux-Brisach exista dans le principe sur le bord alsacien, puis dans une île, avant de se trouver sur le sol allemand. A voir ce qui se passe, il est permis de prévoir l'époque reculée où le Rhin baignera les Vosges, ayant annexé ainsi, sournoisement et en détail, l'Alsace entière au duché de Bade.

Dès que vous avez dépassé la digue, un superbe panorama se déroule à vos regards. En face de vous, Vieux-Brisach, tel qu'il apparaissait au moyen âge, s'élève en amphithéâtre, avec ses clochetons gothiques, et les toits pointus, les pignons sculptés et les fenêtres ogivales de ses habitations escarpées. Le Rhin, qui vous sépare de la ville, est large de plus de 400 mètres, il roule ses flots verts et transparents le long des Forêts Noires, disparaissant presque sous la sombre et vigoureuse végétation à laquelle elles empruntent leur nom. Les sommets de celles-ci, en se réunissant, créent dans des régions élevées une succession de coteaux et de vallons aux aspects les plus variés et les plus gracieux.

Çà et là, aussi, des vallées étroites et profondes brisent les anneaux de cette chaîne imposante, qu'elles tranchent jusqu'à sa base, pour disparaître mystérieusement dans son sein. Une multitude de villages et de bourgs animent et peuplent cette campagne. Ils s'étalent dans toutes les positions : les uns sur le bord du fleuve ou à l'entrée des vallées, les autres aux divers échelons de la montagne. Il y en a parmi eux qu'on ne voit pas, mais qu'on devine : ils sont cachés par les accidents de terrain ou derrière les massifs de la forêt, et le toit aigu de leurs clochers, s'élançant dans les airs, trahit seul leur existence.

Le pont de bateaux, qui réunit la rive alsacienne à Vieux-Brisach, est interrompu à son milieu. La partie du fleuve laissée ainsi libre et neutre est sans cesse sillonnée par un radeau qui reçoit les passagers et qui, mû par un mécanisme des plus ingénieux, vient successivement, et de lui-même, s'accrocher à chacune des deux extrémités centrales du pont. Un grenadier de la ligne, en tenue de campagne, veille sur le bord français ; en face de lui, un factionnaire prussien se promène, le fusil sur l'épaule. Quelques mètres d'eau, seulement, séparent les deux sentinelles : c'est la frontière.

J'allais sauter sur le radeau, lorsqu'un voyageur, me prévenant que les militaires en uniforme n'étaient pas reçus de l'autre côté du fleuve, m'indiqua, dans le voisinage, un meunier qui, pour une faible somme, louait des costumes aux soldats. En effet, les gens du moulin mirent à ma disposition une défroque complète ; mais quels affreux vêtements, grand Dieu, dus-je me résoudre à endosser ? On m'affubla d'un pantalon blanc dont la farine dissimulait mal la vétusté et la saleté, d'une blouse en guenille, et d'une sorte de corde en coton qu'on me soutint être une cravate. Un feutre crasseux, troué, sans forme, acheva de me rendre méconnaissable.

Ainsi travesti, j'atteignis sans difficulté la rive étrangère et, après avoir augmenté d'un sou, tiré forcément de ma poche, les finances douanières de Sa Majesté le Grand Duc, je pus fouler à mon aise le sol badois et arpenter en tous sens les rues escarpées de Vieux-Brisach. Son principal mérite réside dans sa magnifique situation et dans l'aspect original qu'offre l'ensemble de ses constructions. Ses antiques murailles et ses tours délabrées lui donnent un air de richesse et de grandeur déchues tout à fait remarquable. C'est une cité fort ancienne. Si l'on en croit la tradition, ce serait de ses murs que Constantin aurait aperçu, dans le ciel, le signe miraculeux qui l'amena à embrasser le christianisme.

Arrivé au point culminant de la ville, j'y trouvai une place sur laquelle est construite l'église et d'où l'œil découvre des points de vue véritablement admirables. De cet endroit, vous plongez du regard, à pic, sur le cours du Rhin. A la hauteur où vous êtes, c'est à peine si la grande voix du fleuve roulant sur son lit parsemé de rochers parvient jusqu'à vous, et si vous distinguez la blanche écume des flots courroucés entre les obstacles qui entravent leur marche.

Devant vous, la riante et fertile plaine alsacienne, toute parsemée de villages non moins peuplés qu'industrieux, se prolonge jusqu'au pied des Vosges qui, à une distance de huit lieues et sur une ligne parallèle au Rhin, déploient leurs cimes arrondies. A votre droite, la province française semble ne pas avoir de bornes; à gauche, dans un lointain presque insaisissable, des formes vaporeuses et quasi fantastiques se dessinent à l'extrême horizon : ce sont les Alpes de la Suisse.

Accoudé sur une balustrade servant de garde-fou du côté du ravin, je ne pouvais m'arracher à la contemplation de ce merveilleux paysage, lorsque survinrent en foule, pour répondre à l'appel, des chasseurs à pied prussiens, qui se groupèrent près de moi, sur la place.

Ce fut avec une vive curiosité que je passai en revue cette troupe étrangère qui, après avoir contraint les Badois à reprendre leur souverain, occupe provisoirement le Duché. Tous ces soldats sont de beaux hommes, à la mine fière et intelligente; ils sont armés de petites carabines à capucines jaunes, et chacun d'eux porte à la ceinture, à côté du sabre-baïonnette, deux gibernes et une poudrière. Ils ont pour vêtements des tuniques courtes et disgracieuses qui leur couvrent à peine la moitié du ventre ; pour coiffure, ils possèdent des casques ronds, en cuir bouilli, et surmontés d'une tige en cuivre.

Je pense avoir vu là un corps d'élite ; je ne puis supposer que toute l'armée prussienne ressemble à l'échantillon que j'ai eu sous les yeux. S'il en est autrement, et si ces gaillards sont aussi braves au feu qu'ils ont bon air sous les armes, ils devraient nous donner bien du fil à retordre, dans le cas où nous aurions à les combattre.

Cependant le soleil était sur son déclin, et il allait bientôt disparaître derrière les ruines féodales qui dentelaient à l'horizon les principaux sommets des Vosges. Je dus songer au départ. Je me dirigeai vers une auberge où, d'après ce que j'avais appris durant mon excursion, on retenait sa place pour une voiture qui partait tous les soirs de la rive gauche du Rhin, et se rendait à Colmar.

J'étais sur le point de quitter l'hôtel, et déjà j'avais livré les arrhes traditionnelles, quand enu voix de femme me cria d'une pièce voisine, avec obstination et un accent germain des plus prononcés :

« Eh ! soldat, soldat, venez donc ici, venez donc ! »

Ma surprise fut extrême ; comment sous mes haillons m'avait-on deviné ? et que pouvait-on me vouloir ? J'entrai au plus vite dans la salle d'où l'on m'appelait, et voici le tableau qui s'offrit à ma vue : trois dames, en grande toilette, étaient assises à une table somptueusement servie ; elles avaient en face d'elles trois superbes cavaliers en habit noir, en cravate et gilet blancs.

A l'aspect de ce beau monde, au fumet de mets les plus variés, et à la multitude de flacons de toute forme sous lesquels la nappe disparaissait, je ne doutai pas un seul instant que je ne me trouvasse en présence de la Cour grand-ducale ; et ce fut le feutre à la main et profondément humilié de ma mise, que je saluai l'assistance. Le plus important de ces personnages se leva alors et s'avança vers moi.

« Vous êtes militaire français, n'est-ce pas? me dit-il, et vous appartenez au 52° de ligne ?

Sur ma réponse affirmative, il ajouta :

— Ces dames ne se sont pas trompées, c'est bien vous que, dans la matinée, nous avons rencontré sur la route, marchant seul et en uniforme. Et vous, n'avez-vous pas remarqué une calèche à trois chevaux qui vous a dépassé comme vous sortiez de Neuf-Brisach ?

— Parfaitement, répondis-je ; je l'ai d'autant mieux vue qu'elle a failli me passer sur le corps, tellement elle allait vite avec son attelage lancé à fond de train.

— Eh bien ! poursuivit l'inconnu, — en se rengorgeant et du ton que prendrait un parvenu s'avouant propriétaire d'un immeuble à cinq étages situé boulevard des Italiens, — cette calèche... c'est la mienne !... Je m'appelle Picaud, caporal au premier grenadier du 52º, et mes deux amis sont des soldats de notre invincible régiment. Quant à nos trois compagnes, ce sont d'honorables habitantes de Colmar, lesquelles, il est vrai, écorchent un peu le français, mais ont le cœur sur la main et égayent par leur amabilité notre petit voyage. »

Après cette présentation en règle, et ce *speach* auquel j'étais loin de m'attendre, le caporal Picaud me tendit la main et me fit asseoir à sa table. Il me raconta qu'il avait reçu, depuis peu, de son père, huit cents francs pour se libérer du service, et qu'il était en train de manger son remplaçant.

J'eus l'air de trouver la plaisanterie charmante, et, après avoir trinqué à plusieurs reprises avec ces gais compagnons, je les quittai dans le but de rejoindre la diligence, refusant l'offre qu'ils me faisaient d'une place dans leur calèche, pour revenir à Colmar le lendemain.

XXVII

LA DOUANE ET LE RETOUR DE VIEUX-BRISACH

Il faisait presque nuit lorsque, après avoir quitté le caporal Picaud, j'arrivai sur les bords du Rhin. De nombreux voyageurs attendaient à l'extrémité du pont badois que le radeau vînt les prendre pour les transporter sur l'autre rive. Des curieux, parmi lesquels plusieurs soldats étrangers stationnaient également sur ce point, où l'on a le spectacle réjouissant d'un va-et-vient continuel. Un jeune sous-officier prussien, remarquable par sa bonne mine et la distinction de toute sa personne, se trouvait dans la foule ; à peine m'eut-il aperçu, qu'il s'avança vers moi, me salua gracieusement et, tout en s'exprimant en allemand, me tendit une lettre.

« Hélas ! lui répondis-je, je ne puis savoir ce que vous voulez ; je ne vous comprends pas. »

Le sous-officier qui, lui, ne parlait que l'allemand, s'obstina à s'exprimer dans sa langue : nous serions restés longtemps à causer ainsi sans nous entendre, si un tiers ne se fut mêlé à notre conversation.

« Ce jeune homme, me dit un obligeant voisin, a reconnu que vous étiez soldat ; il vous prie de remettre sa lettre à un de ses amis, sergent au 31° d'infanterie à Neuf-Brisach.

— Répondez à ce monsieur, répliquai-je, qu'à mon grand regret, je suis forcé de lui refuser le petit service qu'il réclame, attendu que je ne ferai que traverser en voiture Neuf-Brisach pour me rendre à la garnison lointaine à laquelle j'appartiens. »

L'officieux interprète ayant traduit mes paroles au Prussien, celui-ci porta la main à son casque en s'inclinant ; je l'imitai en soulevant mon feutre, et je sautai sur le radeau, qui ne tarda pas à débarquer ses passagers sur le rivage alsacien.

On m'a assuré que les objets de toute nature sont d'un prix plus élevé chez nous que chez nos voisins et que, sur cette partie de nos frontières, la contrebande se pratique surtout au détriment de nos finances. Je le crois sans peine, rien qu'à voir la conduite opposée que tiennent, dans l'exercice de leurs fonctions, les douaniers badois et leurs collègues de ce côté-ci du Rhin. En effet, autant ceux-là se montrent pacifiques et peu préoccupés de la fraude ; autant, en revanche, ceux-ci sont défiants et sévères.

On dirait que les premiers ne sont institués par le Grand-Duc et ne se tiennent sur le rivage, que pour tendre une main amie aux étrangers et leur souhaiter la bienvenue. Si les seconds n'étaient pas revêtus d'une tunique d'uniforme honorablement connue, on jurerait qu'ils veulent détrousser les voyageurs, à la façon dont ils les approchent, les regardent et les questionnent.

Les agents badois avaient le sourire aux

lèvres en venant, le matin, pour unique formalité, percevoir sur chaque passager un léger impôt de cinq centimes. Le soir, nous dûmes défiler un à un, sous les regards scrutateurs d'une brigade de douaniers français qui, sui-**vant** le degré de confiance dont ils daignèrent honorer **chacun** de nous, le palpèrent des pieds à la tête avec des **précautions** plus ou moins minutieuses. Quand ce fut mon **tour, le briga**-dier me toisa d'abord en silence et d'une façon étrange ; après quoi il me dit :

« Qu'avez-vous à déclarer ?

— Rien ! répondis-je.

— Bien sûr ; vous n'avez rien ?

— Absolument rien ! »

Et de nouveau, le sous-officier reprit avec une intonation de voix qui me donna la certitude que j'allais être sur-le-champ l'objet d'une inspection tout à fait radicale.

« Ainsi, c'est bien entendu, vous persistez à affirmer que vous n'avez rien sur vous ? »

Mon embarras était extrême, car j'avais en poche une faible quantité de tabac que l'on m'avait prévenu de ne pas déclarer à la frontière ; la douane, m'avait-on dit, fermait les

yeux sur les objets d'une aussi mince valeur.
Pourtant, à cette troisième sommation du brigadier, il fallut dire la vérité.

« J'ai, m'écriai-je, ce que la loi permet de passer : un paquet de tabac et une douzaine de cigares.

— Oui-dà, fit le douanier, — vous avez ce que la loi vous permet de passer ! — Vous ne pouvez introduire en France, à la fois, qu'un cigare ou une pipe de tabac, encore faut-il que l'un et l'autre soient allumés. Vous êtes militaire, je le vois, malgré votre déguisement; et je sais le métier que vous et les vôtres vous faites continuellement. Puisque je vous tiens, je ne vous lâcherai pas et vous paierez pour vos camarades. D'abord, je confisque vos emplettes, et vous allez rester là ; dans un instant, je verrai ce que je devrai faire de vous.

— Mais, brigadier, répliquai-je, — tout épouvanté des graves proportions que prenait l'incident, — je vous assure que c'est sans le vouloir que je me trouve en fraude. Gardez ce maudit tabac, si vous le jugez à propos ; mais, de grâce, ne me retenez pas ; laissez-moi rejoindre la voiture qui doit me ramener à Colmar.

— Comment, ajouta le douanier, vous ne faites donc pas partie de la garnison de Neuf-Brisach?

— Eh non! dis-je, — en faisant sauter les boutons de mon vêtement de louage et en exhibant le revers du ceinturon de mon pantalon d'uniforme, — tenez, lisez vous-même mon numéro matricule et le chiffre de mon régiment. Or, vous savez que ce régiment est à Colmar. Vous voyez bien que vous êtes dans l'erreur, car vous ne pouvez admettre que je fasse quinze lieues, aller et retour, dans le but de frauder un paquet de tabac?

— Oh! alors, c'est différent, — poursuivit le brigadier, — je croyais que vous étiez d'une garnison voisine. C'est que, voyez-vous, j'ai reçu, ce matin même, des ordres très sévères à l'endroit de vos camarades. Les soldats des environs, sous le prétexte de se promener à l'étranger, pour y admirer le paysage, les yeux bleus et les blondes tresses des jolies Badoises, ne cessent pas, tout le long du jour, de passer et de repasser le Rhin. Ils font ainsi continuellement, et en détail, une véritable contrebande. Quant à vous, c'est une autre affaire, je le reconnais. Voici donc votre tabac, dont je me borne à briser l'enveloppe. »

Je remerciai avec effusion l'excellent douanier ; dans ma joie, je l'aurais volontiers embrassé ainsi que toute sa brigade. Je courus ensuite au moulin, déposer mes hardes ; et quelques instants plus tard, j'étais commodément assis sur l'impériale de la diligence qui roulait rapidement vers Colmar.

XXVIII

LA SALLE DE POLICE

Une vingtaine de jours environ après mon voyage d'outre-Rhin, le hasard voulut que je me trouvasse de garde à *la police*. On désigne partout sous ce nom le poste qui existe à l'entrée de toutes les casernes. A l'heure où le clairon sonna le déjeuner, le sergent de service saisit une énorme clef accrochée à la muraille et m'ordonna de le suivre. Quand nous fûmes arrivés devant la salle de police des sous-officiers, mon sergent s'arrêta et me dit :

— Vous allez rester là jusqu'à ce que je vienne vous relever ; je vous donne la consigne d'empêcher les prisonniers de sortir.

Il ouvrit alors, toute grande, la porte de la prison où pénétra un homme de corvées, porteur de provisions. Bientôt apparurent à l'entrée, tenant à la main leurs gamelles, cinq ou six pauvres diables, sans guêtres aux pieds et vêtus de capotes en lambeaux. Ils aspirèrent d'abord à pleins poumons l'air pur de la cour, s'étirèrent avec volupté dans tous les sens sous l'influence d'un bienfaisant soleil, et enfin s'assirent sur le seuil de la porte pour manger leur soupe. En cet instant, du fond de la salle de police, quelqu'un se mit à chanter à gorge déployée de joyeux refrains d'opéras-comiques. Cette voix, je l'avais certainement déjà entendue, et je ne résistai pas à la curiosité d'aller reconnaître le camarade qui prenait si facilement son mal en patience et narguait ainsi la fortune.

Je ne vis rien d'abord, car il faisait presque nuit dans la prison qui ne recevait de clarté que par sa porte ouverte. Ce fut le prisonnier mélomane qui, le premier, me reconnut.

« Eh! mais, je ne me trompe pas; c'est l'homme de Vieux-Brisach! dit-il.

— Tiens! Le caporal Picaud! m'écriai-je à mon tour.

Et nous nous serrâmes la main.

— Ah! mon cher, — me dit alors le caporal, c'est fini; il ne me reste plus rien de mes huit cents francs; mais aussi, me suis-je amusé, grand Dieu! rien que d'y penser, je me réjouis encore. Cela seul a échappé au naufrage, — continua-t-il, en tirant de son gousset, où elle était retenue par une chaîne longue et pesante, une magnifique montre à répétition. — A propos, dit-il encore, vous savez sans doute que je sors dans quinze jours de cette galère. Dès que je suis libre, je vends ma montre et je retourne en calèche à Vieux-Brisach. — Je vais faire encore une fameuse partie, allez; si vous voulez en être ne vous gênez pas, et venez me trouver aux grenadiers du premier. »

L'arrivée du sergent de garde, qui venait fermer la porte de la prison, termina l'entretien. Malgré les grincements de la clef dans la serrure rouillée de la geôle, je pus encore entendre l'heureux et sans souci-Picaud qui avait repris ses chants et ses roulades.

XXIX

UNE SURPRISE

Il y a huit jours, me trouvant à la fois en fonds et en appétit, — situation rare au régiment, — je proposai à mon ami Beloche, compagnon de ma bonne et de ma mauvaise fortune, de laisser nos gamelles de côté et de nous rendre dans un certain restaurant, où la qualité des mets le dispute à la modicité des prix. Mon offre, j'en étais sûr à l'avance, fut accueillie avec empressement par mon camarade. Soit dit entre nous, je soupçonne fort ce dernier d'être beaucoup moins malade qu'il ne l'affirme et qu'il ne le fait croire. Ce qui est certain, c'est qu'il possède un coup de fourchette exceptionnel et digne d'un meilleur ordinaire que le nôtre.

Nous fîmes un véritable repas d'Allemands; on nous servit un énorme plat de saucisses à la choucroute, qui disparut promptement sous les rasades répétées d'un excellent vin blanc du Rhin à vingt centimes le litre.

Notre festin terminé, j'offris à mon compagnon d'aller finir notre soirée dans une brasserie du voisinage. Nous traversions la place du Théâtre pour nous rendre à l'endroit convenu, lorsqu'un individu en blouse, qui marchait à notre rencontre, m'accosta et me parla ainsi :

« Militaire ! ne pourriez-vous pas m'indiquer où je trouverais le soldat de votre régiment dont le nom est inscrit sur le papier que voici ?

Je jetai les yeux sur le chiffon que me tendait l'inconnu et, à mon grand ébahissement, je lus, en toutes lettres, mon nom !

— Parbleu, dis-je, il m'est facile de vous renseigner ; celui que vous cherchez, c'est moi !

— Ma foi ! répliqua-t-il, la chose est surprenante, sur deux mille fantassins qui circulent à cette heure dans les rues de Colmar, le premier auquel je m'adresse se trouve être celui que je cherche. »

Je convins que le fait était merveilleux, et je pressai l'étranger de m'expliquer ce qu'il me voulait.

« C'est une dame, répondit-il, qui vient de descendre à l'hôtel des *Deux Clefs*, arrivant par le chemin de fer et qui, immédiatement, m'a envoyé à votre recherche. »

Une dame, logée dans le premier hôtel de la ville, qui me demandait, et cela dans un pays où je ne connaissais personne ! Je ne savais que penser d'un pareil mystère, et sous l'influence de la choucroute et du vin blanc du Rhin, je me mettais à bâtir, à part moi, mille suppositions extravagantes. A tout hasard, je bouclai de six crans mon ceinturon et je volai à l'hôtel des Deux Clefs.

En pénétrant dans l'établissement, la première personne que j'aperçois, c'est ma mère qui me tend les bras. Ma bonne mère ! Je saute à son cou et ma joie égale ma surprise. Voici ce qui me valait cette visite inattendue. J'étais resté trois semaines sans répondre à deux lettres pressantes que m'avait adressées ma famille. On m'avait cru mort à la maison et ma mère, désespérée, était accourue en grande hâte à Colmar. Elle venait ainsi de faire cent cinquante lieues, sans rien prendre en route et sans se reposer un seul instant, ne demandant plus au ciel que d'arriver assez tôt pour pouvoir assister aux funérailles de son malheureux fils. Heureusement je me portais à merveille : aussi pris-je place, séance tenante, à la table d'hôte où, en dépit de la choucroute et du vin du Rhin, je dînai mieux que tous les convives.

XXX

UN CHANGEMENT DE GARNISON

Nous quittons demain Colmar. La moitié de mon bataillon va tenir garnison à Schlestadt. Nous venons à l'instant d'être passés en revue, — tenue de route, — par le colonel. Il me reste à peine le temps de faire mon sac et de tracer à la hâte ces quelques mots. Nous allons donc encore une fois nous mettre en marche, et le sac déjà bien lourd va être augmenté des effets de campement, d'un bidon, d'une marmite, etc. Notre voyage ne sera pas de longue durée, nous n'avons qu'une étape de sept lieues; je voudrais que nous en eussions vingt à fournir : l'on fatigue, mais le plaisir de voyager, de voir du nouveau, dédommage de tout le reste.

C'est la première fois que je vais habiter une ville de guerre, et si j'en crois ceux qui connaissent Schlestadt, nous ne gagnerons pas au change. Je regretterai probablement Colmar : j'allais, lorsque je le pouvais, à la bibliothèque de la ville; j'avais fait, par-ci par-là, quelques demi-connaissances, et il me semblait que j'étais moins isolé que dans le commencement. J'étais satisfait de mon camarade de lit, et je me plaisais dans une petite chambre que j'occupais en dernier lieu chez un coiffeur. J'y retrouvais presque un chez moi où je pouvais avoir des livres, et m'amuser, aux veillées, à écrire mes remarques sur le pays, tandis qu'une chandelle, à moi, m'éclairait et que notre petit poêle, alimenté par la providence maternelle, faisait entendre son doux ronflement.

Mais, les soldats sont comme les enfants, ils aiment le nouveau; aussi chacun de nous s'applaudit de changer de place.

La journée d'aujourd'hui sera mémorable

dans les fastes du 52ᵉ. Trois soldats du régiment se sont suicidés à quelques heures d'intervalle ; et, fait remarquable, deux de ces malheureux sortent de mon ancienne compagnie, la 2ᵉ du 2ᵉ. L'un d'eux a été presque constamment de l'avant-garde, avec moi, de Châteauroux ici.

Est-ce donc une épidémie qui va s'abattre sur nous ? Heureusement que nous changeons d'air et allons voyager.

. . . .

Notre étape, pour être courte, n'en a pas moins été fort difficile à faire et presque périlleuse. La campagne était couverte de neige, un épais brouillard nous empêchait de voir à vingt pas devant nous, et toute la route de Colmar à Schlestadt n'était qu'une longue nappe de verglas.

Ce voyage n'a été, à proprement parler, qu'une glissade, assaisonnée de culbutes continuelles. A chaque instant, le pied manquait à un ou à plusieurs hommes, et l'on voyait les fusils rouler d'un côté, tandis que les schakos couraient de l'autre. Lorsque nous tombions sur le dos, notre sac et surtout la marmite nous donnaient tout à fait l'air de tortues renversées, et il nous fallait le secours de plusieurs camarades pour nous remettre sur pied.

Ce qui ne contribuait pas peu à augmenter la fréquence de ces chutes, c'est que bon nombre d'entre nous, en laissant à Colmar leurs amis ou leurs connaissances, avaient eu recours à de copieuses rasades pour amortir les chagrins de la séparation.

Enfin, nous sommes arrivés à destination sans bras ni jambes cassés, mais avec force contusions, soit à la figure, soit ailleurs. Nous avons mis, pour faire la route, trois heures de plus qu'il n'en aurait fallu sans le verglas. Il est bon de dire, en passant, que comme Beloche et moi n'avions fait avant de partir d'autres libations que celle d'avaler une monstrueuse soupe au lait, apprêtée sur notre poêle, à mes frais, et avec le restant de notre bois, il ne nous est pas arrivé d'accident; mais ce n'est pas sans de grandes précautions, je vous assure.

Voilà huit jours déjà que nous sommes à Schlestadt, cependant je ne connais qu'imparfaitement notre nouvelle garnison : la ville est petite, bien fortifiée et continuellement perdue dans un brouillard glacial ; c'est tout ce que je puis dire. Il est vrai que parti de Colmar avec la fièvre de rhume, je suis entré peu de temps après mon arrivée à l'infirmerie d'où j'espère sortir demain : je n'y suis venu que pour boire de la tisane et je m'aperçois que l'on n'y boit que de l'eau claire.

XXXI

LA CASERNE DE SCHLESTADT

Nous occupons un vaste et long bâtiment qui fait le pendant d'un autre semblable, adossé aux fortifications. Le rez-de-chaussée contient des chevaux de cavalerie, et nous logeons aux premier et deuxième étages, pêle-mêle avec des hussards et des artilleurs.

C'est un véritable labyrinthe que notre caserne ; et vraiment, une fois sortis de nos chambres, nous ne sommes jamais certains d'y rentrer du premier coup.

Toutes nos salles se ressemblent entre elles et se correspondent, et les escaliers par lesquels on y monte ont exactement le même aspect. Pour peu donc que vous vous trouviez logés vers le centre de l'édifice, vous ne savez jamais laquelle est la vôtre, de quinze ou vingt portes d'entrée qui, construites d'après un modèle uniforme, s'offrent à vos regards sur une seule ligne.

Par malheur pour moi, ma chambre est située en haut du neuvième escalier. Aussi, — surtout lorsque je rentre tard au quartier, — n'est-ce d'ordinaire qu'après plusieurs ascensions dans les salles voisines de la mienne, qu'enfin je puis parvenir à retrouver mon lit.

Un soir, à la nuit tombante, il se fit soudain, dans notre escalier, un vacarme aussi inexplicable qu'inusité. Puis la porte de la chambrée s'ouvrit avec fracas et une troupe d'hommes, sac au dos et fusil en main, se précipita parmi nous : un moment nous fûmes sur le point de courir aux râteliers que garnissaient nos armes.... C'était la *troisième du deux* qui revenait affamée de l'exercice à la cible et qui, croyant rentrer chez elle, nous gratifiait de cette visite involontaire.

Depuis un certain temps, le froid, le brouillard et la neige sont venus mettre fin à tous nos exercices. Maintenant, du réveil à l'extinction des feux, nous vivons dans un repos complet, qui durera jusqu'au retour des beaux jours.

Nous voilà donc, mes camarades et moi, cloués dans la chambrée ; et cela pour plusieurs mois sans doute. Les distractions y sont à peu près nulles, et notre temps s'y passe en disputes perpétuelles à propos des meilleures places autour du poêle. Je le prévoyais en quittant Colmar, que je ne tarderais pas à regretter mes séances quotidiennes à la bibliothèque, et le logement que j'occupais avec Beloche.

Ce qui surtout me préoccupe et m'attriste, c'est que je suis sans nouvelles de Juliette et de sa famille. Les lettres que j'adresse à ce sujet n'obtiennent pas de réponse. Tout le monde là-bas, dans la Creuse, s'est vraisemblablement donné le mot pour ne rien me dire de celle qui m'est si chère.

Cette façon d'agir à mon égard ne m'étonne pas. Je vois parfaitement ce que désirent et ce qu'espèrent mes amis : — Julien a fait le plus difficile, — se disent-ils ; il a quitté son pays et mis la moitié de la France entre lui et l'objet de son affection. Les distractions et les occupations de toute sorte qu'il trouve au régiment feront le reste. Insensiblement, ses pensées suivront un nouveau cours, et son amour perdra de sa puissance. Gardons-nous d'éterniser la douleur du pauvre garçon, en l'entretenant de sa bien-aimée, comme il le désire. Evitons toute allusion à ce passé dont il a le plus grand intérêt à ne point se souvenir.

Et c'est ainsi qu'à ma peine vient s'ajouter une inquiétude de tous les instants ; tandis que quelques lignes me rassureraient pleinement sans doute, sur la santé et le bonheur de celle que j'aime.

N'est-ce pas, d'ailleurs, me faire injure, que d'oser espérer que les impressions que je dois à mon amour et l'image de mon amie pourront un jour s'effacer de mon esprit et de mon cœur. Moi, t'oublier jamais, ma Juliette ! Il faudrait pour cela que je perdisse la mémoire ou la vie.

XXXII

L'ÉTAPE DE STRASBOURG

Vous êtes surpris, sans doute, de voir figurer le nom de Strasbourg en tête de ces lignes. Je ne me doutais guère, il y a quelques jours, qu'il en serait ainsi, et cependant, depuis ce matin, je suis dans la capitale de l'Alsace. I y a une heure, par un vent de bise à vous pétrifier sur place, j'étais en contemplation devant l'incomparable flèche, le splendide portail, l'élégante chaire et la merveilleuse horloge de sa cathédrale.

A présent que j'ai bien employé ma journée à visiter la ville, je vais passer ma soirée à vous entretenir des révolutions qui ont occasionné notre départ de Schlestadt, où nous nous croyions blottis pour tout l'hiver, et vous raconter les infortunes de ma route. C'est au galop de la plume que je trace ces lignes, dans une maison de la rue de la Nuée bleue, et sur la table où le perruquier, mon hôte, et sa famille, font une partie de cartes, qu'accompagnent des gestes désordonnés et un tapage infernal.

L'armée des Alpes vient d'être dissoute, et les différentes divisions qui la composaient sont dispersées. *Italia fara da se*, paraît-il, et n'a plus besoin de nous. Notre premier bataillon a reçu l'ordre de se rendre de Colmar à Strasbourg ; le deuxième a dû également partir de Schlestadt pour se diriger d'abord sur Strasbourg, et ensuite alle. tenir garnison à sept lieues plus loin, à Haguenau, où nous arriverons demain. Le troisième bataillon qui était venu nous rejoindre reste à Schlestadt. C'est dans cette fraction du corps que se trouvent la plupart de mes connaissances, parmi lesquelles je compte deux anciens camarades de collège, Mosnier et Grouard. Comme la veille de notre départ on nous avait enlevé nos fournitures, Grouard a voulu à toute force me céder son lit; et Mosnier, qui était de cuisine, m'a apporté, en venant me réveiller le lendemain matin, un succulent bouillon.

Nous avons quitté Schlestadt par un des froids les plus rigoureux de l'année ; le pain gelait sur le sac, le vin dans la gourde, et ceux qui portaient des moustaches un peu longues avaient des glaçons qui leur fermaient la bouche ; la peau du visage, les mains et les oreilles nous cuisaient horriblement. C'est hier 24 décembre que nous avons fourni cette rude étape; et je me rappellerai longtemps cette date, qui est aussi l'anniversaire de ma venue dans ce bas monde.

La beauté des sites que nous traversions,

faisait pourtant quelque diversion à nos souffrances. Tout près de nous étaient les Vosges dont les flancs et les cimes, couverts de neige, étaient parsemés de vieux châteaux en ruines. J'aimais à voir ces imposants débris, couronnés de frimas, resplendir sous les feux de l'aurore ; mais, hélas ! les bouffées du vent glacial qui partaient de la montagne, en ravivant le sentiment de mes misères, contrariaient à chaque instant l'essor de mon imagination.

Je suis arrivé aujourd'hui, clopin-clopant, à Strasbourg, ayant à chaque talon une ampoule grosse comme un œuf de pigeon. Je m'admire moi-même d'avoir pu fournir l'étape de ce matin. Je n'ai pas marché, j'ai sauté tout le long de la route ; ce qui ne laisse pas que d'être assez fatigant, lorsque l'on a à l'épaule un fusil en bandoulière, sur le dos son sac, et sous le bras un ballot contenant les effets qui n'ont pu tenir dans le sac.

Au reste, si les pieds sont malades, le moral est excellent. Quand la bise des Vosges me privait momentanément de l'usage de mes doigts et me pinçait le plus vivement les oreilles, j'entonnais d'une voix forte et narquoise : *Ah! quel plaisir d'être soldat!...* C'est peut-être un peu de présomption de ma part ; mais je me place, depuis hier, au-dessus des plus grands philosophes de l'antiquité. L'un d'eux défiait la douleur en disant : *Douleur, tu n'es pas un mal ;* moi, je dis, avec beaucoup plus de vérité : Douleur, tu es un mal, mais je te défie d'avoir empire sur moi.

A la vue de Strasbourg, j'oubliai tous mes ennuis. Un frisson de patriotisme nous secoua de la tête aux pieds, quand nous pénétrâmes dans les rues de la noble cité. Une foule nombreuse et sympathique encadrait le bataillon, réglant son pas sur le nôtre, et scandant avec nous l'air des *Diamants de la couronne*, que jouait la musique du régiment.

Mes ampoules ne m'ont point empêché de visiter la ville ; mais je devais offrir aux passants un bien triste spectacle. Vous vous rappelez sans doute avoir vu sur le pavé de votre ville natale, quelque infortuné *troubade* se traînant par les rues en guêtres blanches, écartant les jambes, et faisant d'horribles grimaces chaque fois qu'il posait le pied à terre ; eh bien, voilà quelle est mon allure depuis deux jours. Les regards de commisération que voulaient bien laisser tomber sur moi quelques dames charitables, pendant ma dernière promenade, versaient un peu de baume sur mes blessures.

XXXIII

L'HOSPITALITÉ D'UN HARPAGON MILLIONNAIRE

Le vieux couvent qui doit nous servir de caserne étant en réparation, et ne pouvant encore nous recevoir, nous logeons provisoirement chez les habitants de Haguenau. Je suis si mal tombé, que je n'ai même pas la commodité d'écrire, et que je suis forcé d'établir mon cabinet de travail dans une brasserie du voisinage.

Cependant notre gîte, à Béloche et à moi, est établi dans une magnifique maison à trois étages, et à je ne sais combien d'ouvertures sur la rue ; mais le propriétaire de cette splendide demeure est le plus ladre des hommes, c'est Harpagon II. Véritablement le communisme a parfois quelque chose de bon, c'est quand il sert à effrayer les vieux avares de l'espèce du nôtre.

Quand j'ai fait mon entrée dans ce superbe hôtel, j'ai cru que tous nos maux étaient finis, et qu'enfin les allouettes allaient nous tomber toutes rôties. L'idée de faire nos provisions ne nous vint même pas, à mon camarade et à moi.

Hélas ! nos illusions furent de courte durée.

On commença par nous reléguer dans une espèce de garde-robe sans fenêtre, sans cheminée, et si noire qu'il nous faut une chan-

delle en plein jour pour trouver nos effets. Le
soir, nous avons préparé notre *pot-bouille* sans
que dans la maison, ni maître, ni maîtresse
nous aient offert le moindre grain de sel.

On ne nous parle que pour nous interdire
toute espèce de mouvement et de bruit, à
cause d'une personne du logis que l'on dit
souffrante. Un soir, claquemurés dans notre
sombre réduit, n'avons-nous pas eu la funeste
pensée d'allumer un instant nos *bouffardes;*
aussitôt, toute la maisonnée, bourgeois et bourgeoise, laquais, cuisiniers et femmes de chambre, sont accourus dans le plus grand émoi
et comme scandalisés, et nous ont invités à
éteindre nos pipes, nous assurant que le malade pouvait en être incommodé.

Enfin, si la dame de céans daigne parfois
nous adresser la parole, ce n'est que pour nous
demander quand nous comptons partir.

Les souhaits que fait la digne hôtesse pour
notre prompt départ ne tarderont pas à être
complètement accomplis, je l'espère ; en attendant, je suis sous le coup d'une séparation
cruelle : je vais perdre mon camarade de lit.

Beloche est de retour d'un voyage de quelques jours qu'il a fait à Strasbourg, où siège, en ce moment, un conseil de réforme présidé par le général de la division. Je suis allé bien loin au-devant de mon fidèle compagnon que j'ai rencontré cheminant péniblement, la tête basse et le bâton à la main, sur une route couverte de neige et par un froid de dix degrés.

« Eh bien, lui criai-je, quelles nouvelles? »

Deux grosses larmes qui sillonnèrent chacune de ses joues, et un navrant regard qu'il me jeta, furent toute sa réponse.

« Allons, bon! continuai-je, n'allez-vous pas pleurer maintenant, un ancien cuirassier! Au fait, le conseil a eu raison de ne pas vous réformer; vous vous portez à merveille en définitive, et vigoureux comme vous l'êtes, vous devriez avoir honte de jouer la comédie depuis si longtemps, et de laisser vos camarades de la compagnie faire pour vous les corvées et monter la garde.

— Hélas! soupira Beloche, ne m'accablez pas davantage; écoutez plutôt l'étrange décision que l'on a prise à mon sujet:

« De deux choses l'une, vous êtes malade ou vous ne l'êtes pas — m'a dit le général Magnan, après m'avoir tâté partout ; — eh bien, dans la première alternative, vous entrerez à l'hôpital pour y attendre votre congé ; dans la seconde, je me réserve de vous expédier en Afrique, dans une compagnie de discipline, où vous achèverez vos sept années de service. »

Le dilemme était peu rassurant, mais il était parfaitement concluant et ne laissait rien à répliquer. Je fis pourtant de mon mieux pour consoler mon infortuné camarade que j'engageai vivement à reprendre son fusil. Mais Beloche est entêté, et il ne démordra pas de l'idée fixe qu'il a d'obtenir sa radiation des cadres ; bien certainement il sera à l'hôpital, pas plus tard que demain. Or le traitement qui, dans cet endroit, est appliqué aux malades que l'on soupçonne de se bien porter, n'est un mystère pour personne. Aussi, entrevois-je avec effroi mon pauvre ami entouré de soins perfides, et soumis au régime d'une diète absolue. Je le vois à l'avance, empaqueté dans nombre de cataplasmes et de sinapismes et luttant, de toute la force de sa constitution, contre des saignées et des purgations réitérées.

XXXIV

LA CASERNE DE HAGUENEAU

Nous voilà de nouveau logés en caserne. Le vieux couvent qui nous abrite avait cessé d'être habité depuis la révolution, après avoir appartenu à je ne sais quel ordre monastique.

Durant tout le jour, les batteries de nos tambours et les sonneries de nos clairons tiennent éveillés les échos longtemps endormis des cours, des galeries et des vastes salles de l'édifice. Là où jadis le religieux serra sa discipline et sa haire, le fantassin dépose son fusil et tout son attirail guerrier. Des propos peu orthodoxes s'échangent, et des chants profanes retentissent sous ces voûtes sonores qui, avant de garder leur long silence, ne répercutèrent jamais que les accents de la prière et les psalmodies des hymnes sacrées. Si les murailles ont de la mémoire et de la pudeur, comme on prétend qu'elles ont des oreilles, combien ne doivent-elles pas regretter leurs anciens hôtes et gémir sur le temps présent.

Quoique nous ne fassions pas vœu de pauvreté et de macération, à l'instar de nos pieux devanciers, pas plus qu'eux, cependant, nous n'avons nos aises. S'ils souffrirent pour la plus grande gloire de Dieu, nous pouvons bien nous vanter de supporter plus d'une privation au service de la patrie. Ainsi, bien que nous soyons casernés, nous sommes censés être en campement, et partant, nous ne possédons que le strict nécessaire en fait de fournitures. De châlits, de traversins, de draps de lit, — toutes choses qui vous semblent indispensables, — il n'est plus question pour nous. Nous couchons sur l'asphalte de la chambrée, ayant simplement une paillasse, une couverture et un sac de toile.

Ce n'est pas un petit travail, croyez-moi, que de se loger jusqu'au menton, tous les soirs, dans un sac qui est à peine assez large pour vous contenir. Ce travail devient une vraie calamité dans un pays comme l'Alsace où bon nombre d'entre nous, faute d'occupations plus sérieuses, usent immodérément d'une bière excellente qui ne coûte que cinq et dix centimes la chope. La nuit, alors, au lieu d'être consacrée à un sommeil paisible et réparateur, se passe dans la pratique d'une gymnastique trop souvent répétée.

Il n'est pas de bons tours, du reste, auxquels ne donne lieu l'usage de sacs en guise de draps. Un jour, c'est un soldat qui rentre tard et qui, gelé et légèrement ivre, a hâte de se mettre au lit. Déjà il est déshabillé et a soulevé sa couverture, il va se blottir dans son sac; mais, ô surprise! tous les efforts qu'il peut faire pour trouver l'ouverture de son fourreau demeurent inutiles. Furieux, il tempête, et ne manque pas de réveiller ses voisins qui l'accablent d'imprécations : pendant ce temps, le mauvais plaisant qui a pris soin de mettre le sac la gueule en bas, rit aux larmes du succès de sa supercherie.

Une autre fois, un matin par exemple, le clairon sonne à plusieurs reprises le réveil, et tout le monde est debout. Seul, un paresseux s'obstine à faire la sourde oreille et à prolonger de quelques instants le bien-être qu'il goûte sous sa couverture. Tout à coup, deux mains vigoureuses le saisissent par les bords de son sac, et le traînent ensuite comme un colis sur le sol de la salle. En vain le malheureux pousse les hauts cris et jure de tirer vengeance de la déloyale agression dont il est victime; en attendant, il essuie les quolibets de la compagnie entière et ne peut faire un mouvement.

XXXV

UN VOYAGE D'AGRÉMENT

J'ai demandé une permission de quarante-huit heures pour aller à Strasbourg, où je séjourne depuis avant-hier. Je comptais d'abord faire mon voyage en diligence, mais les heures de départ ayant été changées, la voiture était déjà loin quand je voulus partir. Force me fut donc de parcourir à pied les trente bons kilomètres qui séparent Haguenau de Strasbourg.

Il était quatre heures du soir, il gelait à pierre fendre, et un blanc manteau de neige, épais de plus d'un pied, couvrait la campagne. La route que j'avais à parcourir disparaissait sous une couche de verglas à s'étendre à chaque instant, — non sur la terre qu'on ne voit plus depuis un mois, — mais sur la glace. Malgré ces obstacles, je me mis en marche à l'instant même, tant j'avais hâte de profiter de la permission que j'avais en poche. D'ailleurs, qu'est-ce que c'est qu'une bagatelle comme les intempéries de la saison pour un fantassin du 52° de ligne ?

Lorsque j'arrivai à Brumath, la grande halte qui se trouve à douze kilomètres de Haguenau, il faisait nuit close. Un brouillard glacial après avoir plané quelque temps au-dessus de ma tête, s'attachait en cristaux aux rameaux desséchés des arbres, puis s'abattait lentement sur la route, qu'il rendait de plus en plus glissante.

Il me restait encore dix-huit kilomètres à parcourir. Mon courage commençait à chanceler, et j'avais bonne envie de m'arrêter dans quelque auberge de la ville pour y passer la nuit, me refaire un peu, sauf à repartir le lendemain de grand matin. Mais j'avais résolu à l'avance de coucher à Strasbourg. Je tins donc ferme devant toutes les séductions que m'offraient en traversant Brumath, les portes entre-bâillées des brasseries et des *bouchons* qui me souriaient à gauche et à droite de ma route et, en brave troupier de l'ex-armée des Alpes, je continuai ma route, seul dans l'obscurité et au milieu de vastes plaines de neige et de forêts de sapins désolées.

Je ne marchais pas, je courais presque. Le brouillard devenait de plus en plus épais ; le froid redoublait ses rigueurs, et rien ne m'indiquait encore le voisinage de Strasbourg... Enfin j'entendis, dans le lointain, la retraite que l'on battait dans les rues de la ville.

Je me crus arrivé, mais il me restait bien des pas à faire encore, car dix heures sonnaient aux différentes paroisses de Strasbourg lorsque j'aperçus le falot allumé à la porte de Wissembourg. Au même instant, un tambour, monté sur les remparts, se met à battre le rappel.

Pendant que je m'interroge sur l'à-propos d'une telle sérénade, à une pareille heure, et dans un lieu semblable, le tambour se tait et je vois la porte, dont je ne suis plus distant que de quelques pas, se dresser tout à coup sur elle-même, pour s'appliquer contre la muraille.

A cet aspect, je m'élance vers le pont ; mes gestes et mes paroles témoignent de mon inquiétude. Les soldats qui hissent le pont-levis me comprennent et me crient :

— A l'autre porte, à gauche !

Alors je découvre, à peu de distance, une seconde entrée, située sur la même ligne que la première, mais que, dans mon trouble, je n'avais d'abord pas aperçue. A cette vue, mon sang circula plus librement dans mes veines. Il était temps d'arriver ; cinq minutes plus tard, et j'étais forcé de camper jusqu'au lendemain dans la neige, sans autre abri que le brouillard.

Une fois dans la ville, le difficile fut de rencontrer une auberge à ma convenance : je ne voulais ni trop bien ni trop mal ; si l'une me paraissait trop cossue, l'autre me semblait trop sale. J'avais lieu d'être embarrassé ; je devais passer quarante-huit heures à Strasbourg, où j'avais de nombreuses emplettes à faire, et toute ma fortune s'élevait à la somme de dix-huit francs. Le succès a enfin couronné mes recherches, car j'ai trouvé à la fois le confortable et le bon marché dans l'hôtel de *la Tête noire*, où le hasard m'a conduit.

N'attendez pas de moi que je vous énumère et que, surtout, je vous décrive les monuments et les curiosités de divers genres renfermés dans l'enceinte de Strasbourg. Le moindre guide à l'usage des voyageurs vous donnera sur tout ce que je viens de voir et d'admirer au pas de course des renseignements bien autrement précis, complets et intéressants, que ceux que je suis à même de vous fournir.

En revanche, je m'étendrai davantage sur l'excursion que j'ai faite à Kehl. Cette petite cité allemande, où ne manque jamais de se rendre quiconque séjourne à Strasbourg pour la première fois, m'a paru laide et monotone. Sa nationalité étrangère et sa proximité d'une grande ville française m'expliquent, seules, la vogue et la renommée dont elle jouit. Il est vrai que la route qui y mène offre, sur tout le parcours, une ravissante promenade, et que le Rhin, sur la rive droite duquel la cité badoise est construite, mérite bien qu'on fasse, exprès pour le visiter, un trajet de trois kilomètres.

Il se fait à Kehl un commerce considérable de pipes et de tabacs. Chaque maison de la ville renferme, pour ainsi dire, un bureau où l'on débite à un bon marché incroyable, de la poudre à priser, du scaferlati et des cigares de divers genres.

Les commerçants qui dirigent ces boutiques réalisent, m'a-t-on dit, de gros bénéfices. Beaucoup ont recours à la contrebande pour s'enrichir plus promptement, et paraissent s'inquiéter fort peu de la vigilance que déploient pourtant contre eux nos douaniers échelonnés sur la rive gauche du Rhin.

« Pouvez-vous, disais-je à un de ces marchands, — chez lequel j'achetais un bel et bon cigare de cinq centimes, — me livrer chez moi à Strasbourg, mille cigares pareils à celui que je choisis, et au même prix ?

— Rien de plus facile, s'empressa de me répondre l'honnête industriel ; donnez-moi votre adresse, et dans huit jours vous aurez, chez vous, les cigares ! »

Je ne conclus pas le marché, prétextant la longueur du délai exigé. Je n'avouai pas que ma conscience et surtout mes embarras financiers s'opposaient formellement à ce que je me fisse un cadeau de cette importance.

On trouve également à Kehl une bière excellente qui, à mon avis, est supérieure encore à celle que l'on boit partout en Alsace. Aussi n'oserais-je dire le nombre de chopes que j'avalai, en compagnie d'un artilleur de la garnison de Strasbourg, vêtu comme moi en bourgeois, et que le hasard fit se trouver à mes côtés, à la table d'une brasserie.

Mon ami l'artilleur, — l'intimité s'établit vite entre soldats du même pays se rencontrant le verre en main sur la terre étrangère, — mon ami l'artilleur, dis-je, et moi vidâmes, coup sur coup, plusieurs canettes que nous nous offrîmes courtoisement, en nous faisant part de nos communes impressions.

Bientôt, la liqueur fermentée produisant son effet, nous nous élevâmes à de savantes considérations sur les mérites réciproques des deux armes auxquelles nous avions l'honneur d'appartenir ; puis, ma foi ! de rasade en rasade, nous en vînmes à déchirer sans façon les traités de 1815, et à porter plusieurs toasts « à nos frontières du Rhin ! »

L'artilleur et moi ne laissâmes pas, non plus, de dire chacun notre mot sur la mauvaise tenue et la malpropreté des lanciers prussiens qui occupent Kehl, et où ils se conduisent en véritables Vandales.

« Savez-vous, me disait mon camarade, — en me désignant de l'œil une demi-douzaine de lanciers assis près de nous, — que ces cavaliers ne payent nulle part ce qu'ils consomment et que, depuis quinze jours qu'ils tiennent garnison à Kehl, ils n'ont pas encore ciré leurs bottes et secoué la poussière de leurs vêtements ! »

Mais c'est assez parler de Kehl et des Prussiens, car il est temps que je fasse mon sac, et que je songe à regagner ma garnison.

Heureusement, ce ne sera pas à pied, seul, la nuit et sur un long ruban de glace que je retournerai à Haguenau ; ce sera en plein jour, par un radieux soleil et dans une diligence traînée, — le vrai peut quelquefois n'être pas vraisemblable, — traînée, dis-je, par les propres chevaux du Grand-Duc. Voici comment :

Lorsque, naguère, les Badois mirent à la porte leur souverain qui, depuis, leur est revenu sur un chemin frayé par les baïonnettes étrangères, ils firent main-basse sur tout ce qu'ils trouvèrent dans les palais de Baden-Baden et de Carlsruhe. Les chevaux de son Altesse furent naturellement compris dans le butin ; aussi les vendit-on de suite et à l'encan ; et l'entrepreneur des messageries de Strasbourg à Haguenau, profitant de l'occasion, se fit adjuger à vil prix trois de ces superbes animaux. Or, ce sont eux qui, dans quelques heures, seront attelés à ma voiture.

Comme je revenais de retenir ma place à la diligence, l'idée me vint de m'arrêter au centre de la place d'Armes, que je traversais, et d'y examiner, de nouveau, la statue du général Kléber. Je comparais cette statue à celle de Guttenberg', qui décore un autre endroit de Strasbourg, et je donnais sans réserve la préférence à la dernière, dont les splendides bas-reliefs sont un des chefs-d'œuvre de David d'Angers, lorsque... tout à coup... je sentis que je ne voyais plus clair. Quelqu'un placé derrière moi venait d'enlacer vivement mon cou dans ses bras et, de ses mains, couvrait complètement mes yeux.

Cette stupide familiarité me parut, je l'avoue, du dernier goût; elle me rendit furieux, et je fis de mon mieux pour briser l'étreinte sous laquelle un sot inconnu me tenait en son pouvoir. Mais, avant que je pusse recouvrer ma liberté, deux gros et bruyants baisers s'appliquèrent carrément sur chacune de mes joues, et toute ma colère s'évanouit en reconnaissant, dans l'auteur de la plaisanterie, Ketty, une bonne de l'hôtel de Belfort où j'avais logé jadis, lorsque le régiment tenait garnison à Colmar.

Ketty n'habite que depuis deux jours à Strasbourg, où elle est femme de chambre, et où ma vue vient de lui rappeler Colmar, sa ville natale. Bien que je ne connaisse, en fait d'allemand, que l'affirmative *ya* et la négative *nay*, et que la pauvre fille ne sache pas un mot de français, elle me considérait comme un *pays*, et témoignait par d'énergiques exclamations la joie que lui causait ma rencontre. Enfin, se cramponnant à mon bras et m'indiquant du doigt un cabaret situé à l'un des angles de la place, elle m'entraîna à sa suite.

Deux chopes contenant chacune près d'un quart de litre d'eau-de-vie ne tardèrent pas à apparaître sur une table de l'établissement où nous entrâmes. Je me gardai bien d'essayer de convaincre Ketty du dégoût insurmontable que, de tout temps, j'ai ressenti à l'endroit de l'alcool. D'abord, ma compagne n'eût jamais voulu croire à mon infirmité; ensuite, pour l'honneur de mon régiment, pouvais-je avouer à une jeune fille que j'avais le gosier moins aguerri que ne l'était le sien.

Je trinquai donc avec Ketty, qui d'un trait vida son verre; alors je lui passai adroitement ma chope dont elle but le contenu, de la même façon, et sans s'apercevoir le moins du monde de la supercherie. Après quoi, j'embrassai une dernière fois la belle, et m'esquivai... Peut-être n'eût-il fallu qu'un mot d'encouragement pour que le 52e comptât dans ses rangs *une engagée* volontaire de plus.

XXXVI

QUARTIERS D'HIVER EN ALSACE

Je suis revenu très satisfait de mon voyage. Strasbourg est décidément une belle et noble ville, que l'on doit s'estimer heureux d'habiter. Et puis, comme le soldat s'y sent aimé, et quel patriotisme se dégage de toutes les poitrines.

Quelle différence, sous ce rapport, avec nos somnolentes cités du Centre.

C'est qu'aussi, la frontière est là, tout près ; et qu'ici tout le monde a servi dans l'armée. Lorsqu'en partant, j'ai voulu régler avec mon aubergiste, celui-ci, pour peu que je m'y fusse prêté, m'eût offert de l'argent, au lieu d'en demander. Dans les cafés de la ville où je suis entré pendant mon court séjour, que de fois des bourgeois, assis près des tables voisines, se sont levés, et m'ont adressé ces simples mots qui m'allaient au cœur :

— Vous êtes seul, soldat ? Hé bien ! venez avec nous.

La fibre nationale semble en ce moment surexcitée par le voisinage des Prussiens, qui occupent en conquérants le duché de Bade. Vraiment, il y a de quoi. Ces gens-là n'y vont pas par quatre chemins dans l'expression de leurs sentiments à notre endroit. Ainsi, à Vieux-Brisach, pendant des exercices à feu, n'ont-ils pas envoyé deux ou trois boulets sur notre petit fort Mortier situé non loin du Rhin ? Ils se sont excusés ensuite, prétextant qu'ils avaient cru tirer à blanc. Voici qui est plus fort : à Kehl, ils ont habillé un mannequin en fantassin français, l'ont rempli d'ordures, et jeté de ce côté-ci du pont. Peut-on se montrer plus aimable et plus spirituel ?

J'aime cette Alsace, que je n'ai pourtant vue du sud au nord qu'en courant, mais que je suis heureux de connaître un peu. Quelle contrée pittoresque, industrieuse et fertile au premier chef ! Et aussi, quelles bonnes, belles, intelligentes et patriotiques populations ! C'est un riche joyau qu'a la France; un des plus précieux, sans contredit, de tous ceux qui brillent à sa couronne. C'est à Strasbourg, dit-on, que sont les vraies clefs de notre patrie. Français, soyons rassurés ; nos Alsaciens sauront les bien garder !

... Enfin, me voilà rentré dans notre couvent de Haguenau où, selon toute probabilité, nous passerons l'hiver. Pour le présent, le temps est excessivement rude, et tous nos exercices sont suspendus. Nous sommes comme des rentiers besogneux, ou plus justement comme des pensionnaires de l'Etat réduits à la portion congrue. Chacun vit comme il veut ou plutôt comme il peut. Quatre bancs formant le carré, autour d'un poêle alimenté par les sapins de la forêt voisine, retiennent dans la chambrée les amis du coin du feu. Ceux de nous qui ont du vif argent dans les veines sortent quand même. Malgré le vent, la neige, le froid qui font rage, ils circulent dans les rues, comme si l'œillet et le jasmin étaient en pleine floraison.

Je vais tous les jours passer deux heures à la bibliothèque, qui est bien tenue et remarquablement riche en volumes de toute sorte. Depuis quelque temps je remarquais que mes allées et venues intriguaient beaucoup certains soldats du bataillon que je rencontrais sur ma route. Plusieurs fois, même, j'avais vu que l'on me suivait jusqu'au pied de l'escalier qui mène au premier étage, où est la salle de lecture. Dernièrement, comme je m'installais à ma place habituelle, la porte s'ouvrit derrière moi, et un troupier du 52e apparut. Il en vint un second ; puis un troisième ; enfin bientôt j'en comptai dix.

Ils se tenaient immobiles et sans dire mot, examinant la salle et ce que je faisais. Le bibliothécaire, pris à l'improviste par cette invasion, semblait cloué sur son fauteuil. A la fin, il s'avança vers le groupe :

« Que voulez-vous, militaires ? dit-il.

— Rien, Monsieur ! répondit le mieux *langué* de la troupe.

— Si c'est ainsi, — répliqua le fonctionnaire, faites-moi le plaisir de vous en aller. Sachez que ce salon n'est pas un chauffoir public. »

Le peloton n'en demanda pas davantage. Il fit demi-tour à droite avec un ensemble parfait, et disparut dans l'escalier. Et moi, prenant ma part de l'humiliation générale, je devins rouge comme un pompon de grenadier.

Je suis allé à l'hôpital, voir Beloche, que j'ai trouvé dans un état pitoyable, et soumis au régime que je pensais. Il est étique, et ses grands yeux bleus tournent au blanc. C'est déjà un cadavre ambulant.

Il s'est jeté à mon cou, en pleurant, et m'a dit tout bas :

« Je vous en prie, revenez me voir, et apportez-moi du pain.

— Beloche, — ai-je répondu, — sortez de ce lieu maudit, et je vous paye tout ce que vous voudrez. Tant que vous y resterez, n'espérez rien de moi. D'abord, on nous fouille à l'entrée ; et puis, je vous préviens que je ne reviens plus.

— Beloche, mon vieux Beloche! — ajoutai-je, — vous savez mieux que moi que vous n'êtes pas malade. Je vous en conjure : un peu de bon sens et d'énergie. Allons! quittez ce bonnet de coton et cette enveloppe de trépassé, et rentrez dans la compagnie. »

Beloche baissa la tête, d'un air résigné, et ne me répondit pas. Je le quittai désespéré. Car je l'aime, mon vieux camarade, et je le vois perdu. Il mourra de nostalgie, de besoin et d'excès de remèdes, plutôt que de renoncer à son idée fixe de se faire réformer.

.....Il paraît que je suis un richard, et que je mène la vie à grandes guides. Cela se pense et se dit dans la 4ᵉ du 2ᵉ, et je n'en suis pas surpris. Tout n'est-il pas relatif à la caserne comme ailleurs?

Forcément je dois éblouir mon entourage. Songez donc? ainsi que lui, j'ai mon prêt; je suis nourri, logé, chauffé, éclairé par le gouvernement ; et, de plus, le vaguemestre me remet invariablement, à la fin de chaque mois, une lettre qui contient 25 francs.

Il y a bien, dans le bataillon, quelques jeunes gens qui reçoivent plus d'argent que moi. Tous le dépensent, immédiatement, en orgies sardanapalesques. On les rencontre presque toujours gueux comme Job. Ma supériorité sur eux, c'est que je ne fais jamais *la noce* et que, pendant 25 jours sur 30, je puis hardiment mettre la main au gousset, avec la certitude d'en sortir une pièce blanche.

Les largesses que je répands autour de moi illusionnent encore davantage sur cette opulence fictive.

Ainsi : tous les matins, au sortir du lit, je vais prendre du café au lait dans le voisinage de la caserne, et j'emmène avec moi un ou deux compagnons. Le lieu où nous nous rendons est assez confortable. Nous y trouvons une brave femme et deux belles jeunes filles qui ne parlent qu'allemand, mais qui nous font bon accueil. A raison de 10 centimes par tête, elles nous abreuvent d'un lait chaud parfait et bien sucré. C'est une débauche quotidienne de six sous, au maximum, que nous nous permettons.

Parfois encore, lorsque dans la journée je vois un troupier qui se morfond d'ennui sur son banc, près du poêle, je lui dis ces simples mots :

« Venez-vous avec moi ? »

La phrase n'est pas finie, que le quidam est sur ses pieds, qu'il a bouclé son ceinturon, et qu'il m'emboîte le pas.

Nous nous rendons allègrement dans les brasseries où la chope de bière coûte cinq ou dix centimes au plus. Nous restons là, bien chaudement, des heures entières. A travers les spirales de la fumée de nos pipes, nous admirons la dame de comptoir, et nous pouvons nous croire les égaux des bourgeois huppés qui nous entourent.

De telles façons de faire ne sont évidemment pas communes. Est-il bien certain qu'à Paris, Rothschild, lui-même, agisse aussi grandement à l'égard de son personnel?

Aussi, suis-je aimé ici, et véritablement populaire. J'en donnerai une preuve entre dix. Ai-je, par hasard, une reprise à faire à l'un de mes effets? ou à laver un des deux mouchoirs que je possède? Je n'ai qu'à faire le simulacre de tirer une aiguille de ma trousse, ou de me diriger vers la pompe du quartier. Aussitôt la chambrée se lève et me force à rester calme. Et c'est ensuite autour de moi à qui coudra mon bouton ou blanchira mon linge.

Si jamais les grades se donnent à l'élection, je pose carrément ma candidature aux épaulettes de capitaine. Je plaindrai alors le titulaire actuel, M. Rochat.

XXXVII

EN CRIMÉE

Le chapitre qui précède fut le dernier que m'adressa mon ami Julien. En vain le pressai-je, à plusieurs reprises, de donner une suite à ses croquis, ses réponses furent toujours les mêmes :

— C'est assez comme cela, disait-il, je craindrais d'épuiser mon sujet.

Mon ami avait un motif plus sérieux que celui qu'il alléguait, pour s'arrêter ainsi dans l'envoi de ses scènes de la vie militaire. Une déplorable nouvelle était venue le trouver à son régiment. Il avait appris, — par qui? je n'ai jamais pu le savoir! — qu'à Crozan et dans les localités voisines, tout le monde s'entretenait du prochain mariage de Mlle Juliette avec un riche propriétaire de la contrée.

Ces bruits, plus ou moins fondés, affligèrent mon ami, sans paraître l'étonner.

« Cela devait être, et je m'attendais tous les jours à ce malheur, — m'écrivait-il alors.

Puis il ajoutait :

— Comment Juliette eût-elle pu résister à la triple pression qu'exerçaient sur elle le temps, l'éloignement et la volonté paternelle? Que mon amie soit heureuse, c'est mon vœu le plus cher! »

En attendant, le pauvre garçon ressentait un chagrin mortel. Il ne pouvait se faire à l'idée que l'objet de toutes ses pensées, le rêve de sa vie, sa Juliette en un mot, allait appartenir à un autre.

... Beaucoup plus tard, comme je revenais

encore à la charge pour obtenir de Julien de nouveaux détails sur sa vie de soldat, il me répondit :

« La guerre est prochaine et, puisque vous le voulez absolument, ce sera du champ de bataille que je vous adresserai désormais mes bulletins. Au lieu des futiles incidents de la vie de garnison, j'aurai à vous narrer les exploits que ne manqueront pas d'accomplir mes vaillants frères d'armes. »

La guerre avec la Russie éclata sur ces entrefaites, et de nombreux bataillons firent voile pour Constantinople d'abord ; pour la Crimée ensuite.

Le 52e ne fut pas désigné pour entrer immédiatement en campagne, et déplora la mesure qui le retenait oisif sur le sol de la patrie. Mais enfin, son tour arriva de quitter la France pour se rendre au champ d'honneur. Il ne tarda pas à cueillir, lui aussi, une large part des lauriers que se disputaient à l'envi tous nos braves régiments.

Cependant le siège de Sébastopol se poursuivait activement et chaque jour, la France tressaillait à l'annonce de nouveaux combats, d'où nos soldats sortaient invariablement vainqueurs. A mesure que se pressaient les événements, je sentais croître mon inquiétude sur le sort de mon ami Julien, qui persistait à me laisser sans nouvelles.

Hélas ! mes prévisions ne se réalisèrent que trop. Ce ne fut pas le volumineux journal espéré que me remit un jour le facteur, mais une simple lettre. Le cachet en était noir. Une main inconnue en avait tracé l'adresse. Je pressentis un grand malheur, et je lus en tremblant ces mots :

« Monsieur,

« La mission que je viens remplir près de vous réveille en moi de poignants souvenirs. Le grenadier Julien Morel, notre ami commun, n'est plus. Une balle, — la dernière peut-être qui fut tirée à la bataille de Traktir, — l'a atteint en pleine poitrine. Je le vis tomber : j'essayai de le relever, d'arrêter le sang qui jaillissait de sa blessure : tout fut inutile !... Il ouvrit les yeux sous mon étreinte, et me reconnut. Alors, il serra ma main dans les deux siennes, et de la voix calme qui lui était habituelle, il me dit :

« Tu es là... Ah !... Tant mieux! Tout est fini pour moi, je le sens, et c'est une consolation de quitter la vie dans les bras d'un camarade... Tu écriras ce qui se passe en France, à celui dont je t'ai si souvent parlé. Sa douleur sera grande, à ce pauvre ami... Tu lui diras, n'est-ce pas, que tu m'as vu mourir ; que ma dernière pensée, après Dieu, a été pour lui et ma Juliette, et mon regret suprême celui de ne pouvoir suivre plus longtemps, de victoire en victoire, le drapeau de mon 52e régiment. »

XXXVIII

LA BATAILLE DE TRAKTIR ET LE VILLAGE DE CROZAN

Rassurez-vous, lecteurs, le grenadier Julien Morel n'est pas mort. A l'heure où je trace ces lignes, il vit en santé parfaite, à Crozan, son village natal.

Il m'eût été facile de retrancher la lettre qui termine le précédent chapitre, et de supprimer, du même trait de plume, les larmes que votre exquise sensibilité n'aura pas manqué de répandre sur la fin prématurée de notre jeune héros. Mais, que voulez-vous : la nature humaine est égoïste! Pour ma part, je n'ai point été fâché de vous faire éprouver, ne fût-ce que durant quelques secondes, une partie des angoisses que je ressentis jadis, à la réception de la lettre fatale dont vous connaissez le contenu.

Mais, ici, des explications détaillées deviennent indispensables.

Vous n'ignorez pas dans quelles circonstances eut lieu la bataille de Traktir. Vous savez, sans aucun doute, ce qui arriva dans la nuit du 15 au 16 août 1855, lorsque, quittant les positions qu'ils occupaient sur le versant droit de la vallée de la Tchernaia, les Russes attaquèrent les Français campés sur le versant opposé. Nos ennemis, pour prendre l'offensive, choisissaient avec intention la date et le moment. Nous mesurant à leur aune, ils espéraient trouver nos soldats sans défense et plongés dans l'ivresse et l'orgie, à l'occasion de la fête nationale qui avait été célébrée la veille.

58,000 de leurs combattants étaient descendus, à l'avance, des hauteurs d'Inkermann, de Mackensie et du Chouliou. Disséminés sans bruit dans la plaine, et appuyés sur 272 bouches à feu, ils n'attendaient, pour prendre l'offensive, que le signal : « En avant ! » Et nous, nous ne savions absolument rien de ces préparatifs.

Un brouillard très épais rendait la nuit plus obscure encore que de coutume, quand les colonnes russes s'ébranlèrent. Disposées sur une longue ligne de bataille, elles s'avancèrent, invisibles et silencieuses, jusqu'au bord de la Tchernaia : les gués étaient connus, et des ponts nombreux étaient préparés que l'on jeta, à la hâte et en cent endroits, sur le cours insignifiant de la rivière. En un instant, l'armée russe se trouva sur l'autre rive.

Dès lors, la lutte commença.

Les sentinelles françaises, échelonnées près de la Tchernaia et prises à l'improviste, font feu et se rabattent sur leurs avant-postes. Ceux-ci, sans avoir le temps de se reconnaître, sont, à leur tour, enlevés ou balayés sur les grand'-gardes. Les grand'gardes attendent du secours, et s'efforcent de résister; mais, bientôt, elles aussi, se voient décimées, écrasées, et culbutées en débris dans la direction du camp.

L'avalanche moscovite est irrésistible. Semblable à la marée montante, elle déborde de toutes parts, noyant tout sur son passage. De son sein s'élèvent des clameurs de triomphe, des hourras frénétiques, que les ténèbres de la nuit et le brouillard rendent plus affreux et plus terribles encore.

Cependant le jour commence à poindre et les brumes tendent à se dissiper. L'alerte est donnée au camp français, dont les tentes et les abris couvrent les flancs des monts Fédioukine. Les soldats accourent et se reconnaissent, les compagnies se forment, les bataillons se massent, et chaque régiment s'avance en bon ordre à son poste de combat.

Au lieu d'attendre l'ennemi derrière les retranchements, on vole à sa rencontre. On ne tarde pas à le joindre. Le choc a lieu, et c'est en cet instant suprême que commence véritablement la bataille.

La fusillade est presque nulle : c'est à l'arme blanche, à la baïonnette que l'on se charge et que l'on s'entre-tue. Chose incroyable! Au milieu d'un pareil tumulte, les oreilles de chacun perçoivent, comme dans un rêve, mais distinctement, le cliquetis des fers qui s'entre-choquent, le bruit sourd que rendent les corps roulant sur la terre, les plaintes étouffées des agonisants et jusqu'au souffle haletant des combattants.

L'incertitude sur le résultat de la bataille ne dure pas longtemps. La main du Français est plus leste que celle du Russe ; son énergie morale et son impétuosité physique, aussi, sont plus irrésistibles. Bientôt l'armée ennemie reçoit plus de coups qu'elle n'en porte ; puis, elle cède sur divers points ; et, enfin, bat en retraite sur toute la ligne.

En ce moment, il ne reste plus trace de l'épais brouillard de la nuit, et le soleil, inondant de ses rayons le champ de bataille, illumine, sur la crête des monts Fédioukine, les batteries françaises en position. Soudain nos artilleurs ouvrent le feu ; et une grêle de boulets et d'obus vont jeter le désordre et semer la mort dans les rangs pressés des assaillants en pleine déroute.

Refoulé sur les bords de la Tchernaia, l'ennemi est trop heureux d'y retrouver ses gués et ses ponts, par lesquels il s'enfuit plus vite qu'il n'était venu.

1,500 des nôtres ne répondront pas à l'appel du soir, mais 8,000 Russes, parmi lesquels trois généraux tués, sont couchés sur le sol.

Sur toute la ligne alors, nos clairons et nos tambours sonnent et battent le rappel. L'armée française, complètement victorieuse, regagne ses quartiers.

Quelques soldats, parmi lesquels se trouve Julien Morel, n'entendent pas ou ne veulent pas comprendre le signal. Ils s'acharnent à la poursuite de l'ennemi, et passent un pont derrière lui.

Le reste se devine.

Les Russes ne tardent pas à s'apercevoir qu'ils ne sont suivis que de quelques hommes. Ils se retournent, font feu sur eux et les tuent presque tous. C'est là que mon ami reçut une balle en pleine poitrine, et tomba aux côtés d'un camarade qui le crut mort, et qui, plus heureux, regagna sain et sauf ses avant-postes. Ce dernier, dans la lettre qu'il m'adressa plus tard, se garda bien de relater ces pénibles détails : il eût craint de trop m'affliger !

Quelques heures après la bataille de Traktir, une patrouille russe trouva le corps inanimé du pauvre grenadier, qu'elle transporta mourant à l'ambulance. Il y fut soigné d'abord. Puis, compris, peu de temps après, dans un échange de prisonniers, il ne tarda pas à recevoir, avec son congé définitif, sa feuille de route pour rentrer dans ses foyers.

Il y eut fête au village de Crozan le jour de l'arrivée du grenadier Julien Morel. Les paysans n'allèrent point à leurs travaux et revêtirent leurs habits des dimanches. L'instituteur, après un discours de circonstance fort bien tourné, donna *campo* à ses élèves.

Ce ne fut pas tout : les autorités du lieu, c'est-à-dire le maire, le curé et le percepteur, et la force publique, représentée par le garde champêtre, vieux soldat d'Afrique, allèrent jusqu'à la grande croix du carrefour, au-devant de notre héros, que sa famille ramenait d'Eguzon.

Enfin, le jeune militaire apparaît ; mais, grand Dieu ! que de changements se sont opérés en lui : il est pâle et décharné, et tellement à bout de forces et d'efforts que, dans sa capote en lambeaux, c'est à peine s'il peut faire un mouvement.

Il fallut que les siens le descendissent de voiture et le portassent sur son lit. Le chien de la maison, Dourak, que la vieillesse avait rendu sourd et perclus, et qui se chauffait dehors, au soleil, faillit mourir de saisissement à l'aspect de son maître. Etait-ce la joie de le revoir, était-ce la douleur de le reconnaître en si piteux état ? Qui pourrait le dire !

Les parents de mon ami mandèrent à la hâte un médecin pour leur fils. Ce docteur, homme de sens et de savoir, déclara, après un examen attentif, que le cas était très grave. La blessure d'abord était sérieuse, mais des souffrances morales, plus alarmantes encore, mettaient réellement le malade en danger.

Le lendemain de son installation dans sa famille, notre guerrier vit tout à coup apparaître dans sa chambre et s'avancer vers son lit de douleur un monsieur d'un certain âge, qu'accompagnait une jeune fille remarquablement belle. A leur vue tout son sang reflua vers son cœur, il se trouva mal.

Quand il revint à lui, sa main droite, toute

humide de larmes, était dans les mains de la jeune personne, et le vieux monsieur lui disait d'une voix émue en lui montrant sa fille :

« Guérissez-vous vite, mon cher enfant ! Je vous amène Juliette... votre fiancée !... Dès que vous serez mieux, nous célébrerons le mariage ! »

Juliette n'était point mariée !... La vie était rendue à mon ami.

A partir de ce moment, la santé du blessé se rétablit comme par enchantement. Trois mois plus tard, l'heureux grenadier épousa sa Juliette.

Maintenant, que vous dirai-je ?... De cette union ne tarda pas à naître un charmant petit garçon qui, certainement, sera un jour grenadier dans les rangs du 52ᵉ régiment.

TABLE DES MATIÈRES

Avant-propos.		1
I.	L'arrivée au dépôt.	5
II.	Le réveil et la toilette	11
III.	Le premier exercice.	19
IV.	La soupe	23
V.	L'équipement	27
VI.	Les corvées	33
VII.	L'homme de chambre et les cuisiniers.	37
VIII.	Les troupiers	41
IX.	Une maraude	47
X.	Grandeurs et misères.	51
XI.	La première garde.	61
XII.	Le départ.	65
XIII.	Les premières étapes.	75
XIV.	A travers le Nivernais	83
XV.	L'entrée à Autun	89
XVI.	L'arrivée à Nolay	93
XVII.	En Bourgogne.	99

XVIII.	En Franche-Comté.	105
XIX.	Les engagées volontaires	111
XX.	Les dernières étapes	117
XXI.	Aux bataillons de guerre.	123
XXII.	Colmar et ses environs.	133
XXIII.	La garnison de Colmar.	143
XXIV.	L'armée des Alpes	151
XXV.	Les logements	159
XXVI.	Voyage d'outre-Rhin	171
XXVII.	Le retour de Vieux-Brisach	183
XXVIII.	La salle de police	191
XXIX.	Une surprise.	195
XXX.	Un changement de garnison	199
XXXI.	La caserne de Schlestadt	205
XXXII.	L'étape de Strasbourg	209
XXXIII.	L'hospitalité d'un Harpagon millionnaire	215
XXXIV.	La caserne de Haguenau.	221
XXXV.	Un voyage d'agrément	227
XXXVI.	Quartiers d'hiver en Alsace	239
XXXVII.	En Crimée.	249
XXXVIII.	La bataille de Traktir et le village de Crozan.	255

ÉVREUX, IMPRIMERIE DE CHARLES HÉRISSEY

www.ingramcontent.com/pod-product-compliance
Lightning Source LLC
Chambersburg PA
CBHW050329170426
43200CB00009BA/1525